U0654091

金融尾部风险管理研究

周春阳 著

上海交通大学出版社
SHANGHAI JIAO TONG UNIVERSITY PRESS

内容提要

　　鉴于极端尾部风险对金融市场的稳定和金融机构的正常运营有着重要影响,本书主要围绕极端尾部风险的度量和管理展开讨论。从风险管理者的角度,探讨期货交易所如何考虑市场极端变动设置保证金;从投资者的角度,考察突发事件造成的资产价格极端变动,对投资者最优资产配置的影响;从保险公司的角度,提出保险公司在承担投保人的风险时,应当考虑自身抵御风险,特别是极端风险损失的能力。

　　本书可供从事风险管理和投资组合理论与实证研究的研究人员和实务工作者参考。

图书在版编目(CIP)数据

　　金融尾部风险管理研究 / 周春阳著. —上海:上海交通大学出版社,2020

　　ISBN 978-7-313-23842-9

　　Ⅰ.①金… Ⅱ.①周… Ⅲ.①金融风险-风险管理-研究 Ⅳ.①F830.9

　　中国版本图书馆 CIP 数据核字(2020)第 186044 号

金融尾部风险管理研究
JINRONG WEIBU FENGXIAN GUANLI YANJIU

著　　者:周春阳

出版发行:上海交通大学出版社　　　地　　址:上海市番禺路 951 号
邮政编码:200030　　　　　　　　　电　　话:021-64071208
印　　刷:上海天地海设计印刷有限公司　经　　销:全国新华书店
开　　本:710mm×1000mm　1/16　　印　　张:12.75
字　　数:175 千字
版　　次:2020 年 10 月第 1 版　　　印　　次:2020 年 10 月第 1 次印刷
书　　号:ISBN 978-7-313-23842-9
定　　价:78.00 元

版权所有　侵权必究
告 读 者:如发现本书有印装质量问题请与印刷厂质量科联系
联系电话:021-64366274

Preface　序

在新冠肺炎疫情和沙特石油价格战的冲击下,2020 年全球金融市场经历了剧烈的震荡。美国三大股指在 3 月 9 日至 3 月 18 日不到两周的时间里,经历了史无前例的四次熔断。极端的价格变动导致很多投资者,包括全球最大的私募基金桥水基金,都遭受了异常惨重的损失,为全世界的投资者上了一次深刻的风险管理课。资产价格的剧烈波动可能给投资者带来的较大程度的损失,我们称之为极端尾部风险。极端尾部风险管理不善,从微观层面,会导致投资者遭受巨额亏损,企业机构破产;从宏观方面,容易诱发系统性风险,对整个金融体系乃至实体经济造成冲击。

该书是一本关于金融尾部风险管理的学术专著,总结了作者近几年在金融尾部风险度量和管理的研究成果。该书首先从市场监管者的角度,研究了期货交易所如何科学合理地设置保证金水平,以控制期货投资者对极端价格变动的风险暴露程度,以保证期货市场健康稳健地发展。对于投资者而言,如何构建投资组合以降低极端尾部风险对组合绩效的影响呢? 该书第二部分从非对称性、时变性和传染性三个特征来刻画资产价格的极端跳跃变动,论证了在构建投资组合时考虑极端尾部风险有利于改善投资组合绩效。最后,该书从保险公司角度,研究了保险公司风险约束下的最优的保险政策问题，指出 VaR 作为风险约束不利于保险公司管理尾部风险，而限制最大风险暴露有助于保证保险公司免于极端尾部风险的冲击。

2020. 9. 16

Foreword 前　言

近年来,随着金融管制的过度放松和金融创新的快速发展,金融系统变得益发脆弱。频繁发生的极端风险事件,伴随着金融国际化的浪潮,引发全球金融市场海啸。而随着国内金融市场逐步对外开放,企业和金融机构如果忽视对风险,特别是极端尾部风险的管理,可能会遭受非常惨重的损失。

本书在总结和梳理以往文献研究成果的基础上,围绕极端尾部风险度量、考虑极端尾部风险的最优投资组合以及考虑极端尾部风险的最优保险政策三个方面,多层次多角度地展开研究。本书的主要创新和学术贡献在于:

(一)基于 Hill 图提出一种量化的 POT 模型阈值选择方法

POT 模型是一种应用非常广泛的对极端事件建模的方法,在该模型中,阈值是一个关键的参数。我们在 Hill 图法的基础上,提出了一种量化的阈值选择方法。这种方法可以充分利用样本信息,从而克服了二次子样试算法需要较大样本量的不足。

(二)研究跳跃的非对称分布对最优投资组合的影响

好消息和坏消息对资产价格的跳跃具有非对称影响。以往文献假设资产收益率的跳跃分布服从对称的正态分布,而本书假设跳跃分布服从非对称的双指数分布。基于上证指数的实证结果表明,利空消息导致上证指数的平均下跌幅度要显著高于利多消息引起的向上跳跃幅度。我们发现,更加左偏的非对称跳跃分布,会导致投资者付出更多的经济成本。

（三）考察跳跃强度的时变性对最优投资组合的影响

以往文献在求解动态投资组合问题时，假设跳跃强度是恒定的。由于突发事件对资产价格波动的影响是随时间变化的，本书求解了资产价格跳跃强度是时变情况下的最优投资组合问题，并研究了均衡跳跃强度、跳跃持续性参数以及跳跃冲击参数对投资者最优权重的影响。

（四）考虑多资产价格联动跳跃情况下的最优均值方差问题

系统性突发事件影响下，多个资产价格会发生联动跳跃。我们构建了多资产价格的联动跳跃模型，并求解最优均值－方差最优投资组合问题。样本内和样本外结果表明，考虑多个资产的时变联动跳跃风险，有助于提高均值方差组合的投资绩效。

（五）给出了保险公司风险约束下投保人的最优保险策略

当保险公司向投保人提供一份保险合约时，它承担了投保人转移过来的风险而面临着一定的风险暴露。以往的文献没有考虑保险公司的风险约束对投保人最优保险策略的影响，本书将保险公司的下边风险约束加入投保人的最优保险问题中，分别考虑了当保险公司的风险暴露采用 VaR、一阶下偏矩和最大损失度量时投保人最优保险策略的求解。

本书的内容是这样安排的。第一章介绍了本书的研究背景和研究框架，第二章对既往风险度量理论进行了系统性综述，第三章至第七章是本书的主要内容。第三章研究了极端尾部风险的度量理论及应用；考虑到突发事件影响下资产价格跳跃强度的非对称性、时变性以及多资产跳跃的联动性，第四章至第六章从多个角度考察跳跃风险对最优投资组合的影响；第七章研究保险公司下边风险约束下的最优保险政策问题。

在本书的完成过程中，作者得到了上海交通大学金融工程研究中心老师和同学的支持和帮助。特别是要感谢我的博士生导师、学术生涯的启蒙人吴冲锋教授，本书主要内容是基于作者最近几年同吴老师合作在包括《Journal of Empirical Finance》、《Journal of Futures

Markets》和《Insurance：Mathematics and Economics》等国际 SSCI 期刊发表的研究成果。感谢吴老师百忙之中拨冗写序,对拙作给予肯定与褒扬。最后,由衷地感谢国家自然科学基金面上项目(71771144)"基于期权隐含信息的股票价格预测与最优投资组合研究"和国家自然科学基金重大课题(71790592)"互联网背景下金融产品/服务创新、风险及其定价理论"的支持和帮助。

周春阳

2020 年 6 月于上海交通大学

Contents 目 录

1 绪 论

1.1 本书研究背景和意义

随着金融自由化和金融创新的发展,以及金融国际化等因素的影响,金融市场的不确定性大大加强。极端风险事件的发生,给金融系统的稳定性带来了严峻的挑战。而企业和金融机构如果忽视对风险,特别是极端尾部风险的管理,往往会遭受严重的损失。

1.1.1 金融市场风险加剧的原因

(一)金融自由化

金融自由化通过减少政府对金融市场的过度干预,放松政府对金融体系的监管,以确立市场机制的基础作用,提高资本的有效利用。自1973年麦金农和肖提出金融自由化理论以来,金融自由化浪潮便席卷全球,世界各国纷纷放松对金融体系的监管。然而,金融自由化是一把双刃剑,它在提高市场效率的同时,对经济和金融系统的负面影响也是巨大的。由于金融管制的放松,金融系统的脆弱性加剧,企业和机构遭受风险损失的可能性相应增大。例如1973年以美元为中心的布雷顿森林货币体系的崩溃,宣告了世界范围内固定汇率制度的最终瓦解。在浮动汇率体制下,任何拥有国外资产或者承担国外债务的企业和机构都将处于巨大的浮动汇率风险之中。更为严重的是,放松金融管制可能引发金融危机的灾难性后果。自1982年爆发的拉美金融危机,到1997年爆发的东南亚金融危机,均对区域金融稳定和经济发展造成严重破坏。而2008年由美国次贷危机引发的全球金融海啸,众多学者认为,美国政府对金融体系监管不力是危机爆发的重要原因之一。

随着我国金融管制的放松和互联网金融的发展,P2P网络借贷作为传统银行服务的补充,为创业公司提供了一种新的融资方式。自2012年起,P2P网络借贷获得了爆发式增长,据网贷之家的统计,行业整体交易规模突破2500亿。然而,伴随着行业的快速增长,监管政策却没有及时到位,自2015年开始众多P2P平台频繁暴雷,投资者损失惨重。

（二）过度的金融创新

自20世纪70年代以来,为了对冲金融资产价格的大幅波动,并为投资者提供更加完备的金融投资工具,世界各国大力推进和发展金融创新业务,衍生品市场得到了迅猛的发展。图1-1和图1-2分别给出了国际清算银行(BIS,Bank for International Settlements)统计的交易所市场和场外柜台市场(Over the Counter, OTC)衍生品的未平仓合约规模。可以看到,2008年金融危机以前,不管是交易所市场还是场外柜台市场,衍生品未平仓合约规模增长极为迅猛。由于衍生品交易具有"以小搏大"的特点,具有较强的杠杠作用,在放大收益的同时,风险也会成倍放大。在2008年,担保债务凭证(Collateralized Debt Obligation,CDO)和信用违约互换(Credit Default Swap,CDS)等场外衍生产品的全面爆雷,最终引爆美国次贷危机,导致全球金融市场的剧烈波动。

2008年之后,场外衍生品市场规模虽然有所降低,但在2019年6月的未清偿合约规模仍然达到了640万亿美元。而场内衍生品市场在2015年以后,未平仓合约规模逐年上升,至2019年6月达到了120万亿美元。规模过于庞大的衍生工具,一旦遇到极端市场情况,会给金融市场造成剧烈的冲击。

2020年3月6日,石油输出国组织欧佩克(OPEC)与俄罗斯的石油减产谈判破裂,沙特大幅调降了售往欧洲、远东和美国等市场的原油价格。石油价格战的全面打响,导致原油市场崩盘。3月9日星期一,

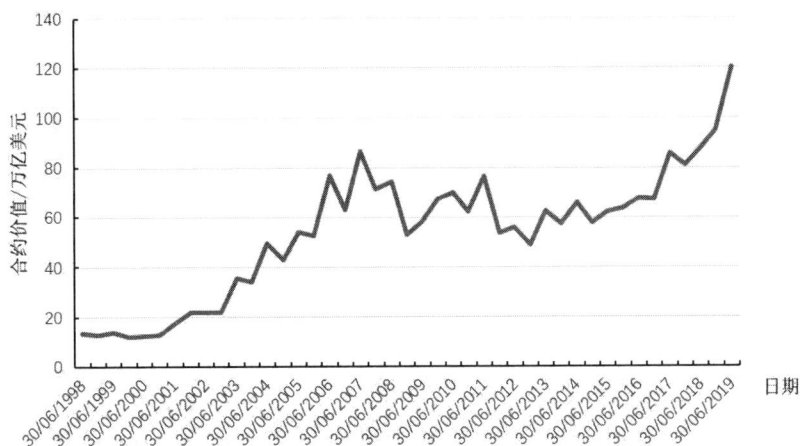

图 1-1　交易所市场衍生品未平仓合约价值

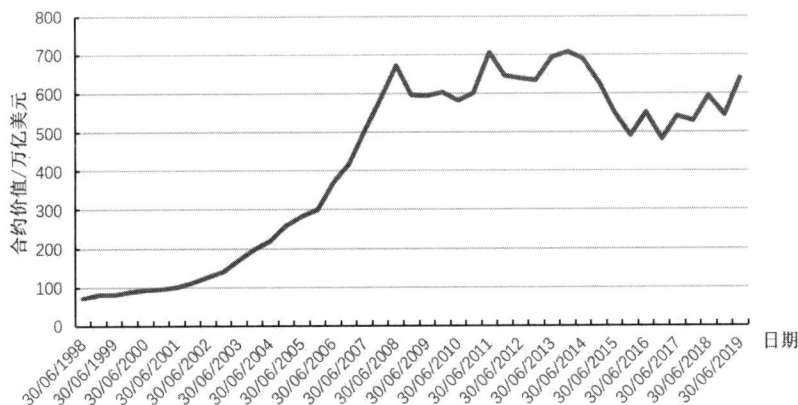

图 1-2　OTC 市场未清偿衍生品合约价值

布伦特原油期货和 WTI 原油期货跌幅分别达 29.07％和 30％,创自 20世纪 90 年代初海湾战争以来的最大单日跌幅。原油期货暴跌给全球金融市场造成了剧烈的冲击,令投资者损失惨重。

（三）金融国际化

第二次世界大战以后,世界各国经济有着长足的发展。为了充分地利用和整合国内外的市场和资源,世界各国纷纷开放了自己的金融市场,全球金融一体化格局开始形成。金融国际化的发展一方面加强了各国金融市场的联系,促进了资本的有效利用和分配,但另一方面由此带来的负面影响也不可忽视,它导致金融风险很容易在各个市场间传导和放大。如1987年10月的"黑色星期一"大股灾,最终扩散到伦敦、法兰克福、东京、悉尼、新加坡等国家和地区的股市。1997年爆发的东南亚金融危机,最终演变成为一场世界金融危机,从东南亚各国波及日本、俄罗斯和美国。2008年的美国次贷危机,最终蔓延成为全球金融海啸,对各个国家和地区的经济和金融市场造成了巨大的冲击。受沙特发动石油价格战影响,2020年3月9日全球股票市场全线重挫。美国三大股指,包括道琼斯工业指数、标准普尔500指数以及纳斯达克指数,跌幅分别达7.79%、7.6%和7.29%,触发了美股史上的第二次熔断。英国富时100指数、法国CAC40指数和德国DAX指数跌幅均达到7.5%左右,而意大利富时MIB指数跌幅更是达到了9.7%。

（四）突发事件

突发事件导致资产价格发生跳跃性变动,特别是战争、恐怖袭击、金融危机、公共卫生等影响较大的重大突发事件,对金融资产价格造成巨大的冲击,对一国乃至全球金融及经济的稳定构成了严重威胁。在有效市场环境下,即使是某一资产或市场特定的事件,其对金融市场造成的影响可能会由点及面,迅速波及同它有联系的其他资产,引起多米诺骨牌效应。2008年9月15日,有158年历史的美国第四大投资银行雷曼兄弟宣布申请破产保护,导致了全球金融市场的动荡。美国最主要的两个股票指数,即标准普尔500指数和道琼斯工业指数,当天降幅分别达到了4.42%和4.71%。中国国内股市同样遭受重创,上证指数在9月16日的跌幅达到了4.47%。

受沙特发动石油价格战影响,原油期货价格在2020年3月9日发生"史诗级"崩盘。油价下跌打压了美国的页岩油公司,其发行的9300亿美元高收益债券,规模占美国高收益债券规模的10%,面临着严重的违约风险。彭博巴克莱高收益债券 ETF 单日跌幅达 15％，公司债等信用衍生品市场危机重重。美国三大股指全线重挫，盘中触发熔断机制。市场波动率急剧上行，高杠杆对冲基金被迫平仓，抽干了市场流动性。在接下来的两周时间里，尽管美联储宣布大规模降息，并推出了 7000 亿美元的量化宽松计划，然而市场动荡依旧，美国三大股指接连又触发了三次熔断。CBOE 恐慌指数在 3 月 16 日收于 82.69 点，创下收盘点位历史新高，突破了 2008 年 11 月 21 日创下的 80.74 点的峰值。

由于对金融市场的破坏性较大，突发事件风险管理引起了金融监管部门的密切关注。早在 2005 年，国务院就颁发了《国家金融突发事件应急预案》，银监会、保监会等金融监管部门也出台了相应的突发事件应急管理办法。监管部门通过事前预警、事中处置以及事后总结等一系列程序，降低突发事件对金融市场造成的影响。作为对 2008 年美国金融危机的直接回应，巴塞尔银行监管委员会在 2009 年推出了一系列新法规，强调在计算风险资本时银行需要考虑潜在的事件风险。

1.1.2 忽视风险管理的后果

极端尾部风险指的是资产价格的异常大幅波动可能给投资者带来的较大程度损失。在动荡的金融市场中，企业和金融机构如果缺乏有效的尾部风险管理手段，在市场发生极端不利变动时，往往会损失惨重。在 2008 年美国次贷危机发生前，众多金融机构投资风险很高的次级抵押贷款相关的信用衍生产品，希望"以小搏大"获取高额利润。当市场有利的时候，这些机构通过高杠杆投资获得了高额收益。但是随着美国房价的下跌，次级抵押贷款违约率上升，相关的 CDO 和 CDS 信用衍生产品也变得一文不值。忽视对极端尾部风险的管理最终导致众多金融机构损失惨重，甚至破产倒闭。同欧美银行的惨重损失相比，尽管我国几大国有银行投资于次贷市场，但由于投资比重相对较小，并且信用等级较高，因而直接损失较小，银行业在此次危机中仍保持稳健的运行(刘明康,2009)。国内的银行业以其对待风险的谨慎态度,成功躲过了次贷危机的这场浩劫。

黑天鹅或灰犀牛等极端风险事件的发生,对企业和金融机构的破坏和打击可能是毁灭性的。由诺贝尔经济学奖得主罗伯特·默顿(Robert Merton)和迈伦·斯科尔斯(Myron Scholes),以及众多华尔街精英加盟的长期资本管理公司,投资业绩曾异常辉煌耀眼,净值自1994年创立初期的12.5亿美元迅速上升至1997年12月的48亿美元。公司采用的投资策略是市场中性套利策略,通过加杠杆成倍放大收益。在正常的市场条件下,策略的风险在可控的范围内,然而极端风险事件的发生给公司带来了灭顶之灾。在1998年的金融风暴中,长期资本管理公司的60倍杠杆使得它抵御极端尾部风险的能力异常脆弱。从5月俄罗斯金融风暴到9月全面溃败,尽管公司投资了不同种类的资产(见表1-1),但仍然出现了45亿美元巨额损失。短短的150多天资产净值下降90%,最终破产清算。

表 1-1　长期资本管理公司在 1998 年金融风暴中的损失示例

品种	金额(亿美元)
互换利差交易	16
股票波动幅度交易	13
俄罗斯及其他新兴市场	4.3
股票配对交易	2.86
收益曲线对冲套利交易	2.15
标准普尔 500 股票指数交易	2.03
高收益率债券	1
在发达国家进行的直接交易	3.71
合计	45.05

2020年初沙特与俄罗斯的石油价格战和新型冠状病毒疫情在全球的蔓延,使得很多对冲基金损失惨重。全球规模最大的对冲基金桥水基金,管理资产规模达 1600 亿美元,在这次危机中也未能幸免,一季

度净值下跌达 20％。公司采用的风险平价策略,通过配置股票和债券组合以及施加杠杆,以最大化资产组合收益,同时保证资产组合的波动率在给定的范围内。在正常市场条件下,股票市场和债券市场的收益率是弱相关的,而次贷危机以后 10 余年的美股牛市使得这类策略获得了可观的收益。在过去的几年里,这类策略收益高而风险小,深受包括桥水基金等各大对冲基金的青睐。然而,石油价格战引燃了市场的恐慌情绪,股票市场两周时间里 4 次熔断;随着页岩油等高收益债券的崩盘,公司债市场同样暴跌。股票市场和债券市场波动率急剧上升,股市债市双杀使得采用这类策略的对冲基金集中抛售手中资产以降低组合波动率,导致市场流动性枯竭。吸取了 2008 年次贷危机的教训,美联储紧急输血,为市场启动无限量化宽松,才避免了大规模的流动性挤兑和基金破产的情况发生。

可见,在正常市场情况下,金融机构通过衍生工具等杠杆化产品放大收益,面临较大损失的可能性不大。然而,监管部门或金融机构如果忽视了对极端尾部风险的量化和管理,在极端市场情况下发生的极端风险事件可能会使得高杠杆化的头寸面临巨额的损失。极端事件不仅严重影响了企业和金融机构的正常营运,大型金融机构,如银行等的稳定性,更关系着整个金融市场是否能有效地运行。因而,对极端尾部风险的度量和管理,具有重要的理论和现实意义。

1.2 本书框架

由于极端尾部风险对金融市场的稳定和金融机构的正常运营有着重要影响,因而本书主要围绕极端尾部风险的度量和管理展开讨论,本书框架如图 1-3 所示。

第一章绪论介绍了本书研究的现实背景和研究意义,强调了监管部门和金融机构在进行风险决策的时候,考虑金融市场极端变动的重要性。

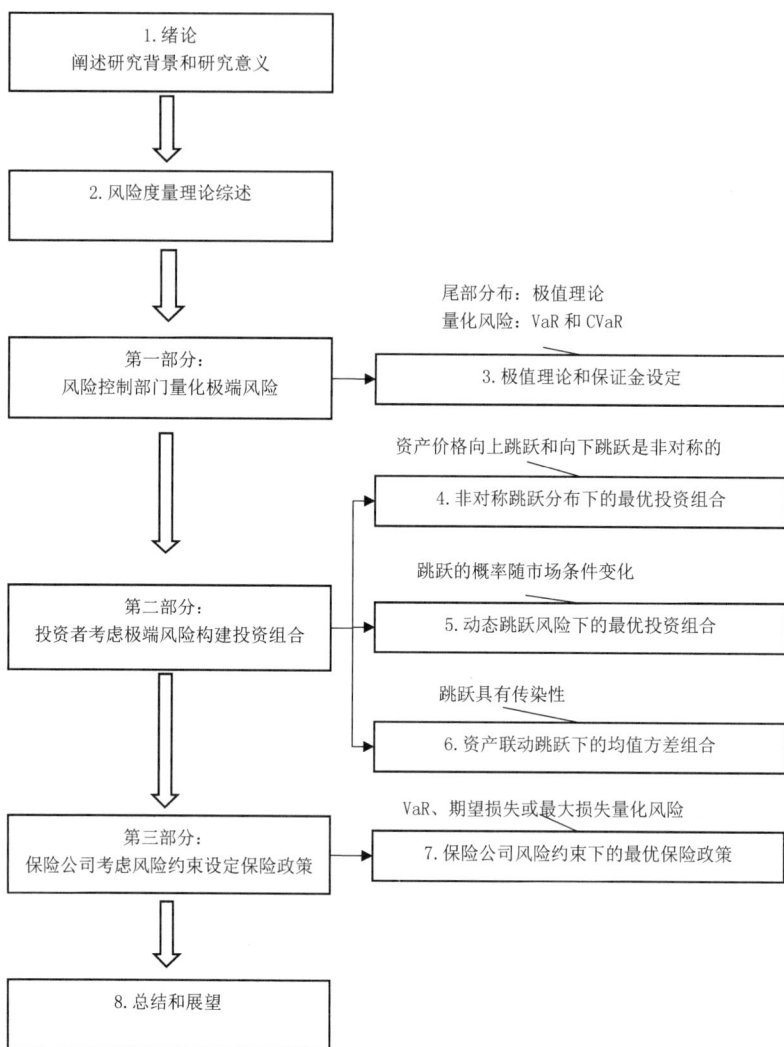

图 1 - 3　本书内容框架图

第二章综述、总结和梳理了既往文献中风险度量理论研究成果。

第三章至第七章是本书的主体部分,从以下3个方面探讨极端尾部风险的度量和管理。

（一）第一部分从风险管理者的视角,研究如何量化极端尾部

风险

　　为了保证期货市场正常运行,期货交易所通过设置保证金,使之能够覆盖极端市场情况下可能发生的损失。在本书第三章,我们采用极值理论来对资产价格的尾部分布建模,从而能更好地刻画资产价格的极端变动情况。最后,我们采用文献中普遍采用的 VaR 和 CVaR 作为风险测度,来量化资产价格的极端尾部风险。

　　(二)第二部分从投资者的视角,研究如何在构建投资组合的时候考虑极端尾部风险

　　在这一部分,我们用跳跃扩散过程来刻画突发事件所造成的资产价格极端变动。同极值理论仅仅关注资产价格变动的尾部分布不同,跳跃扩散过程包含了 2 个成分,即平缓的价格变动以及极端的跳跃价格变动。本部分重点研究后者,即价格的跳跃变动对投资组合的影响。

　　首先,突发事件分为利好事件和利空事件,不同类型的事件对资产价格的影响是不同的。因而在本书第四章,我们考察了跳跃分布的非对称性对投资组合权重和投资者效用的影响。

　　其次,突发事件在不同的市场条件下发生的概率是不同的,并且比较重大的突发事件对市场会有持续性影响。在本书第五章,我们允许资产价格跳跃的概率是时变而不是恒定的,研究资产价格的跳跃强度及其动态特征对投资组合权重和绩效的影响。

　　最后,突发事件的影响具有传染性。特别是重大的系统性的突发事件,可能会引起多个资产价格的联动跳跃。在本书第六章,我们构建了多资产的联动跳跃模型,考察多个资产的极端跳跃变动对均值方差组合绩效的影响。

　　(三)第三部分,我们从保险公司的视角,提出保险公司在承担投保人的风险时,应当考虑自身抵御尾部风险,特别是极端尾部风险的能力

　　保险公司在承担投保人风险的时候,如果不考虑自身的风险承受能力而承担过多的风险,在极端事件爆发的时候,可能会面临巨大的损

失,甚至破产。在本书第七章,我们求解了在不同的风险约束条件下,包括 VaR 风险约束、期望损失风险约束以及最大损失风险约束,保险公司如何设定最优的保险政策,并探讨了各类风险约束是否有助于保险公司降低风险暴露,特别是提高对极端大额损失的抵抗能力。

最后,第八章总结全文的研究结论,指出研究的不足和值得进一步研究的可行方向。

1.3　全书主要内容

本书主要内容包括以下 6 个方面:

(一)风险度量理论研究进展

风险管理的基础和核心是对风险进行合理的度量和评估。20 世纪 50 年代哈里·马科维茨(Harry Markowitz)首先提出采用方差作为风险测度,并在此基础上发展了基于均值—方差的投资组合理论。然而方差是一种两边风险测度,不但考虑了收益偏离均值以下的波动,而且也考虑了收益偏离均值以上的可能,即认为收益对均值的正向偏离也是风险。同方差风险不同,下边风险或尾部风险关注的是资产价格波动给投资者造成的损失。

本书第二章介绍了风险测度和风险管理的研究现状,系统综述了国内外现有的研究成果。根据风险决策类型的不同,我们将风险测度分成 3 大类:①量化风险感受的风险测度,这类风险测度包括方差等波动类风险测度和感知风险测度等;②量化风险价格的风险测度,这类风险测度包括期望保费函数和零效用保费函数等;③量化风险损失的风险测度,这类风险测度包括在险价值(Value at Risk,VaR)和条件在险价值(Conditional Value at Risk,CVaR)风险测度等。本书对上述 3 类风险测度及其在风险管理中的应用进行了较为详细的综述。不同类的风险测度既存在着区别,也存在着联系,我们给出了这 3 类风险测度之间的关系。

（二）极值理论和期货保证金设定

期货交易是一种杠杆交易,交易中蕴含着巨大的风险。而期货保证金是期货交易所控制期货投资者风险暴露,保证期货市场健康稳健发展的重要手段。较高的保证金水平有利于降低投资者的违约可能性,降低期货市场风险。但是较高的保证金水平同时也会导致投资者的交易成本增加,市场流动性降低,从而降低投资者参与期货投资的意愿。设计合理的保证金水平,对期货市场的健康发展具有重要作用。

本书第三章基于审慎性原则,通过统计学的方法设定保证金水平,使之能在一定程度上覆盖期货投资者的风险损失。由于期货交易所更关注的是极端市场变动下期货投资者可能遭受的极端损失,因而本章我们采用极值理论的 POT 模型来拟和数据的尾部分布。我们采用 VaR 和 CVaR 作为风险测度建立保证金模型,并以伦敦铜和上海铜的保证金设定为例研究了该保证金模型的应用。

（三）非对称跳跃分布下的最优投资组合

在突发事件的影响下,资产价格可能会发生极端的跳跃变动,跳跃风险是影响投资者资产配置的一个非常重要的因素。Merton（1971）最早研究了资产价格服从扩散跳跃过程时投资者的最优消费投资策略。他发现同资产价格不存在跳跃相比,在资产价格存在跳跃假设下投资者应当减少风险资产的投资。后续很多学者的研究大都是基于 Merton（1971）的跳跃扩散模型。

在跳跃扩散模型假设下,资产收益率的跳跃幅度服从对称的正态分布。事实上,事件可以分为好消息和坏消息,不同类型的事件对资产价格的跳跃幅度可能存在不同程度的冲击。本书第四章建立一个双指数跳跃扩散模型,允许跳跃幅度在不同方向上是非对称的,从而可以区分好消息和坏消息对资产价格波动的非对称影响。基于上证指数的实证结果表明,我国股指收益率的跳跃分布是非对称的,利空消息导致的向下跳跃平均幅度要显著高于利多消息导致的向上跳跃平均幅度。对于风险厌恶的投资者来说,当跳跃分布变得更加不对称时,即向上跳跃概率(平均幅度)同向下跳跃概率(平均幅度)的偏离程度越大,忽略非对称跳跃分布而导致的经济成本就越高。特别地,更加左偏的跳跃分布会导致投资者付出更多的经济成本。

（四）动态跳跃风险下的动态最优投资组合

在不同的市场环境下,资产价格跳跃的概率,或者说跳跃的强度显然是不同的。在金融危机期间,资产价格跳跃的概率会更高,价格的波动也会更大。同时,重大的突发事件会对市场造成持续性影响,即存在资产价格跳跃的集聚效应。

本书第五章首先建立了一个跳跃强度的动态模型,以刻画突发事件对资产价格波动的动态持续性影响。基于标准普尔 500 指数期货和沪深 300 指数的实证结果表明,标准普尔 500 指数期货在 21 世纪初的美国经济衰退、2008 年的美国次贷危机和 2010－2011 年的欧洲债务危机期间,跳跃强度达到较高的水平,而沪深 300 指数在 2008 年美国次贷危机和 2015 年股灾期间具有较高的跳跃强度。同时,标准普尔 500 指数期货和沪深 300 指数均存在跳跃强度集聚效应,即突发事件对资产价格的波动会产生持续性影响。

既往文献在研究存在跳跃风险时的最优动态投资组合问题时,为了求解方便,一般假设跳跃强度是不变的。本章在构建跳跃强度动态模型基础上,考察跳跃强度的动态变化特征是否对投资者的最优资产配置有重要影响。通过求解最优动态投资组合问题,我们发现在平均跳跃幅度是负值的情况下,风险资产权重是跳跃强度的减函数。在我们的模型中,跳跃强度的动态特征由 3 个参数确定,即长期均衡跳跃强度 θ、跳跃持续性参数 ρ 以及跳跃冲击参数 φ。我们发现风险资产权重随着 θ 的增加而减少,而跳跃持续性参数 ρ 对风险资产权重的影响取决于初始的跳跃强度。如果初始跳跃强度较低,则较大的 ρ 表示未来的跳跃强度有可能继续处于较低水平,此时投资者愿意提高风险资产的权重。另一方面,如果初始的跳跃强度很高,那么较大的 ρ 就意味着较高的跳跃强度在未来将持续存在。在这种情况下,投资者将降低风险资产的权重。最后,跳跃冲击参数 φ 与风险资产权重之间不存在简单的单调关系。

（五）多个资产联动跳跃下的均值方差组合

突发事件的影响具有传染性。特别是在重大系统性突发事件的影响下,不同资产可能会同时发生极端的跳跃变动。为了刻画这一特征,本书第六章首先构建一个多资产的联动跳跃模型。模型允许不同资产的价格可以同步跳跃,也可以独立地跳跃。同步跳跃能够刻画系统性突发事件造成的资产价格的联动跳跃,而个体跳跃反映的是特定市场突发事件导致的个别资产价格跳跃,即特质跳跃风险。

我们的实证研究基于 2 种美元标价的期货合约,即在芝加哥商品交易所(CME)交易的标准普尔 500 指数期货和日经 225 指数期货。实证结果表明,两种资产的同步跳跃强度和个体跳跃强度都是时变且持续的。标准普尔 500 指数期货在 21 世纪初美国经济衰退期间具有较高的个体跳跃强度,日经 225 指数期货的个体跳跃强度在 20 世纪 90 年代日本经济衰退期间处于较高的水平。2008 年美国次贷危机期间,这 2 种期货的个体跳跃强度相对较低,但共同跳跃强度较大,表明美国次贷危机这一系统性突发事件对标准普尔 500 指数期货价格和日经 225 指数期货价格都造成了较大的冲击。

在上述多资产动态跳跃模型基础上,我们求解均值方差最优投资组合问题。样本内和样本外结果表明,考虑多个资产的时变联动跳跃风险,有助于提高均值方差组合的投资绩效。

（六）风险约束下的最优保险政策

保险公司承担了投保人转移过来的风险,因而在制定保险政策或条款的时候,需要考虑自身的风险承受能力,即风险暴露不能超过给定的水平。本书第七章研究了保险公司不同类型风险约束下的最优保险政策,并对各个保险策略进行了比较。

通过理论证明我们发现,同不采取风险约束相比,保险公司在 VaR 风险约束下会同时增加对大额损失和小额损失的补偿。此时投保人可以将更多的大额损失转移给保险公司,从而使保险公司面临更严重的风险暴露。而在期望损失风险约束下,保险公司会采取谨慎的风险承担策略,对大额损失设置较高的免赔额度,对小额损失设置较低的免赔额度。因而期望损失风险约束使得保险公司承担了较少的大额损失,同时导致投保人的期望效用降低。最大损失约束使得保险公司的风险暴露程度最小,此时保险公司只是在某一限度内支付投保人所发生的费用,超过此限额时,保险公司停止支付。因而,最大损失风险约束能够保证保险公司在极端的市场波动情况下免受大额损失的风险。

2 风险度量理论

2.1 引言

金融市场中充满着不确定性和风险,人们如何在这种充满风险的环境中进行决策,一个首先需要解决的问题是如何对风险进行量化和评估。风险是一个主观的概念,对未来可能发生的不确定性,不同主体由于决策目的的不同,对风险的量化角度也会不同。正如 Goovaerts *et al.*(2003)所指出的,即使某一风险测度具有很好的性质,但是并不存在一个风险测度的公理假设集合适用于所有类型的风险决策。考虑到不同的决策目的,人们提出了不同的风险测度对风险进行量化。

对于投资主体来说,他们主要关注的是自己的风险感受,因此人们最初尝试从量化风险感受的角度来量化风险。一般人都有这样的感受,资产价格的波动性越大,未来资产价格的不确定性就越大,资产的风险也就越大。因此,最初人们尝试利用方差等反映资产价格波动程度的指标来量化他们的风险感受。Markowitz(1952)首先提出采用方差度量风险,此后国内外学者在方差的基础上又提出了各种反映资产价格波动程度的风险量化方法。由于方差等波动类风险测度没有直接对风险感受进行建模,因此后来人们尝试从心理学的角度直接量化风险,从而发展了感知风险测度理论。

风险可以被转移,不愿意承担风险的主体可以通过支付一定的费用,将风险转移给愿意承担风险的其他人。保险公司的功能在于承担社会上众多风险厌恶者不愿意承担的风险,并收取保险费做为补偿。在这种情形下,保险公司需要解决的问题是如何对风险进行合理的定价。最初人们采用简单的期望损失作为风险定价函数,Buhlmann (1970)引入零效用风险定价函数,使得风险定价同效用函数理论联系在一起。

风险和收益是互相依存的,金融市场中的众多金融机构要想获得超额收益,他们将不得不承担一些风险,面临一定的风险损失。风险控制和监管部门面临的问题是如何度量金融机构的风险损失,从而有利于对风险暴露进行有效的控制和管理。自从 1993 年 30 国集团(G30)发表《衍生产品的实践和规则》的研究报告,并竭力推荐各国银行使用 VaR 风险管理技术以来,由于 VaR 具有概念简单直观的优点,目前它已经成为度量金融风险的标准风险测度。但由于 VaR 在理论上和实际应用中存在一些缺陷,众多学者在这方面作了很多改进工作。

从上面论述可以看到,不同的决策者由于决策目标的不同,对风险的度量角度也有所不同。对于投资主体,他们关心的是如何量化风险感受;对于保险公司,对风险定价则是他们的核心任务;面对金融风险无处不在,并且波动日益加剧的金融市场,风险控制和监管部门需要解决的问题则是对风险损失进行量化。

上述对风险测度的分类方法具有明确的分类标准,并且对实际中的风险管理者选择适当的风险测度作为决策依据有着积极的作用。因此,本章试图按照上述分类方法,对 3 类风险度量方法,即量化风险感受的风险测度,量化风险价格的风险测度和量化风险损失的风险测度展开综述。本章的结构安排是在第二节引入数学符号,第三至第五节分别对 3 类风险度量方法展开研究和综述。各类风险测度有着一定的区别,也存在着联系,本章第六节给出了 3 类风险测度之间的联系。最后第七部分为小结。

2.2　数学符号表示

给定概率测度空间$(\Omega, \mathcal{F}, P)$,其中 Ω 代表样本空间,$\mathcal{F}$ 是事件的

σ 代数，P 为可测空间 $(\Omega, \mathcal{F})$ 上的概率测度，风险 X 是定义在 $(\Omega, \mathcal{F}, P)$ 上的随机变量，即 $X: \Omega \to \overline{R}$。假设 X 的分布函数为 F，即 $F(x) = P(\omega : X(\omega) \leqslant x)$。风险 X 的集合称为风险集，记做 $\mathcal{G}$。风险测度是风险量化的指标，它本质上是在风险集和实数空间建立的一个映射，因此风险测度可以看作是映射 $\rho : \mathcal{G} \to \overline{R} = [-\infty, +\infty]$。

2.3　投资主体：量化风险感受

一般的，投资主体感受到的风险与潜在损失大小和损失发生的可能性有关。为了支持投资主体的决策过程，最初人们尝试利用损失分布的统计特征来刻画风险。

2.3.1　波动类风险测度

（一）离差类风险测度

显然，一般投资者都有这样的风险感受：某一资产的收益越不稳定，或者其收益波动程度越大，那么这个资产的风险越大。方差是反映资产波动程度的一个普遍采用的指标，它反映了资产价值偏离均值水平的程度。自从 Markowitz(1952)，Markowitz(1959) 和 Tobin(1958) 的开创性工作以来，方差和标准差作为 2 种离差类风险测度，在金融学和经济学的理论和实践领域中得到了广泛的应用。随机变量 X 的方差和标准差分别定义为

$$\mathrm{var}(X) = E(X - \mu)^2 = \int_{-\infty}^{+\infty} (x - \mu)^2 \, \mathrm{d}F(x)$$

和

$$\sigma(X) = \left[\int_{-\infty}^{+\infty} (x - \mu)^2 \, \mathrm{d}F(x) \right]^{\frac{1}{2}}$$

其中 $\mu = E(X) = \int_{-\infty}^{+\infty} x \, \mathrm{d}F(x)$，为随机变量 X 的均值。

但是方差是两边风险测度,不但考虑了收益偏离均值以下的波动,而且也考虑了收益偏离均值以上的波动,即认为收益对均值的正向偏离也是风险。显然方差作为风险测度,同人们对风险的认识是不一致的。Markowitz（1959）提出采用半方差

$$SV(X,\mu) = \int_{-\infty}^{\mu} (x-\mu)^2 dF(x)$$

或半标准差

$$\left[\int_{-\infty}^{\mu} (x-\mu)^2 dF(x)\right]^{\frac{1}{2}}$$

等下边风险测度来度量资产的下边风险。Quirk and Sapasnik（1962）从理论上证明了半方差比方差更具有优越性。

Rockafellar $et\ al.$（2006）一般化了离差类风险测度,提出了离差风险测度的公理体系。

定义 2.1　风险测度 D 称为离差风险测度,如果它满足:

$(D1)$对任意的 $C \in R, X \in \mathcal{G}, D(X+C) = D(X)$。

$(D2)$对任意的 $X, Y \in \mathcal{G}, D(X+Y) \leqslant D(X) + D(Y)$。

$(D3)$对任意的 $\lambda \geqslant 0, X \in \mathcal{G}, D(\lambda X) = \lambda D(X)$。

$(D4)$若 $X \in \mathcal{G}$ 不是常数,则 $D(X) > 0$;若 X 为常数,则 $D(X) = 0$。

由上述定义,标准差和半标准差显然都是离差风险测度的特例。

（二）基于目标的波动类风险测度

上述离差类风险测度度量的是资产未来价值同其均值偏离的波动程度,而实际中投资主体可能更关注资产偏离某一偏好目标的不利结果。Markowitz（1959）提出采用目标半方差作为风险测度,其定义为

$$SV(X,\tau) = \int_{-\infty}^{\tau} (\tau-x)^2 dF(x)$$

其中 τ 表示投资者的目标收益率。Bawa(1975),Bawa and Lindenberg(1977)和 Fishburn(1977)等学者提出了更一般的测度风险的方式,称

为下偏矩风险测度,从而使目标半方差成为下偏矩风险测度的特例,其定义为

$$LPM_a(X,\tau)=\int_{-\infty}^{\tau}(\tau-x)^a\,\mathrm{d}F(x),$$

相应的标准化形式为

$$\rho(X,\tau)=[LPM_a(X,\tau)]^{\frac{1}{a}},a>0.$$

当 $a=0$ 时,$LPM_0(X,\tau)=P(X\leqslant\tau)=F(\tau)$,因此零阶下偏距又称为损失概率。当 $a=1$ 时,$LPM_1(X,\tau)=E[\max(\tau-X,0)]$。一阶下偏矩又称作期望后悔(Expected Regret),Testuri and Uryasev(2000)详细研究了期望后悔风险测度。而当 $\tau=E(X),a=2$ 时,我们则可以得到半方差风险测度。

(三)下偏矩和离差风险测度之间的关系

下偏矩和离差风险测度在一定条件下存在着联系,我们可以证明以下命题。

命题 2.1 设 $a>0$,则以均值为目标的标准化下偏矩风险测度

$$\rho(X)=[LPM_a(X,E(X))]^{\frac{1}{a}}=(E[\max(EX-X,0)]^a)^{\frac{1}{a}}$$

为离差风险测度。

证明:只需证明 $\rho(X)$ 满足定义 2.1 中的离差风险测度公理假设 D1 - D4。

(i)对任意的 $C\in R,X\in\mathcal{G}$,显然我们有

$$\rho(X+C)=(E[\max(E(X+C)-(X+C),0)]^a)^{\frac{1}{a}}=\rho(X).$$

(ii)对任意的 $X,Y\in$,由 Minkowski 不等式,我们有

$$\begin{aligned}\rho(X+Y)&=(E[\max(EX+EY-X-Y,0)]^a)^{\frac{1}{a}}\\&\leqslant(E[\max(EX-X,0)+\max(EY-Y,0)]^a)^{\frac{1}{a}}\\&\leqslant(E[\max(EX-X,0)]^a)^{\frac{1}{a}}+(E[\max(EY-Y,0)]^a)^{\frac{1}{a}}\\&=\rho(X)+\rho(Y).\end{aligned}$$

(iii)对任意的 $\lambda\geqslant0,X\in\mathcal{G}$,我们有

$$\rho(\lambda X)=(E[\max(\lambda EX-\lambda X,0)]^a)^{\frac{1}{a}}=\lambda\rho(X).$$

(iv)若 X 不是常数,显然有 $\rho(X) > 0$;

若 X 是常数,由 $X = EX$,可得 $\rho(X) = 0$.

2.3.2　基于效用函数的风险测度

von Neumann and Morgenstern (1944)通过 6 个选择偏好公理,建立了期望效用函数理论,从而为投资主体在不确定性环境下如何选择决策提供了依据。期望效用函数反映了投资主体的风险偏好,因此一个很自然的问题是,能否可以通过效用函数来推出人们对风险的感受,从而对风险感受进行量化。Jia and Dyer (1996)通过定义了一个标准风险集合 P^0,证明了若 P^0 上的风险感受排序同投资主体的选择偏好排序一致,则必然存在一个风险测度 $\rho(X) = -E[u(X - \mu)]$,同 P^0 上的风险感受排序相一致。在这里 u 为 von Neumann-Morgenstern 效用函数,$\mu = E(X)$。

通过定义不同的期望效用函数 u,我们可以得到各种风险测度,例如当效用函数为 $u(x) = ax - bx^2$,可以得到相应的风险测度为 $\rho(X) = \mathrm{var}(X) = E(X - \mu)^2$。

2.3.3　感知风险测度

风险测度赋予风险空间中的风险一个标量数值,这一数值能够反映人们对风险的相对感受,不同风险的风险测度相对大小应该同投资主体对不同风险的风险感受相一致:即对于任意 2 个风险 X, Y,若投资主体对 X 的风险感受大于对 Y 的风险感受,即投资主体认为 X 比 Y 更具有风险,则 X 的风险测度应当大于 Y 的风险测度。

基于随机变量统计特征的风险测度,虽然具有直观的含义,但是它们并没有直接对风险进行测度,有可能并不能和人们的风险感受排序一致。而期望效用函数只是反映了个体的风险偏好(risk preference),因此是间接地而不是直接地反映个体的风险感受(risk perception)。Brachinger and Weber (1997)指出,风险偏好排序和风险感受排序是不同的概念,例如风险主体认为 X 比 Y 更有风险,但他有可能更偏好 Y。同时,著名的 Allais 悖论和 Ellsberg 悖论的提出表明期望效用方法并不能很好地刻画风险主体的风险偏好。因此,人们尝试从心理学的角度直接量化风险主体的风险感受,提出了感知风险测度,即决定风险度量的是人们对风险的感知。

Coombs and Huang (1970)最早从风险本身,而不是通过风险偏好对风险感知进行度量。在他们工作的基础上,Pollatsek and Tversky (1970)建立了感知风险测度需要满足的 7 个公理性假设,并推导出了感知风险测度的表示定理:

$$\rho(X) = \theta \mathrm{var}(X) - (1-\theta)E(X)$$

其中 $0 < \theta \leqslant 1$ 是唯一确定的。

然而,Coombs and Bowen (1971)指出尽管均值和方差在一定程度上会影响个体的感知风险,但是他们单独还无法充分地量化感知风险。Luce (1980,1981)和 Satin (1987)从另外一个角度推导感知风险测度的表示形式。通过假设感知风险测度的函数结构,他们提出了可以通过实证检验的函数形式来测度风险感受。期望效用函数理论被认为是研究人们在不确定条件下进行决策的理论基础,因此国内学者姜青舫和陈方正 (2000)采用和期望效用理论类似的方法建立了风险测度的公理体系。最后,Brachinger and Weber (1997)、Jia *et al*. (1999)对感知风险测度做了较详细的综述。

2.3.4　风险测度类

Stone (1973)定义了一般的 3 参数风险测度类

$$\rho(X) = \int_{-\infty}^{z} |x - \tau|^{a} \mathrm{d}F(x)$$

并指出方差、半方差和下偏矩等风险测度都可以用这种 3 参数模型来表示。Pedersen and Satchell (1998)提出了更一般的五参数风险测度类

$$\rho(X) = \left[\int_{-\infty}^{z} |X - t|^a W[F(x)] \mathrm{d}F(x) \right]^b$$

并指出已有文献中大量的风险测度都可以用上述 5 参数风险测度类表示，其中包括 Stone（1973）提出的 3 参数风险测度类和部分感知风险测度。

2.4   保险公司：量化风险价格

保险是转移风险的一种有效手段。保险中的基本概念是保险合约，一份保险合约最简单的形式就是给予投保人在风险事件发生时向保险公司索赔一定赔偿的权利。为了得到这份权利，投保人需要向保险公司支付保险费。因此，保险费可以看作是投保人为了转移风险所要付出的代价，即风险的价格。如何计算风险的价格一直是保险精算领域的核心问题。

由于保险是对未来可能发生的损失进行定价，因此传统的保险定价理论仅仅考虑的是资产未来潜在的纯粹损失（pure loss），而不考虑资产存在的潜在收益。因此，在本节，在没有明确指出的情况下，风险指的是保险风险，即不考虑资产未来存在的潜在收益对风险测度的影响以及相关的管理费用，仅仅考虑资产未来可能遭受的损失。因此，此处的风险 X 将恒为非负，并且当 $X > 0$ 时，它代表正损失。令 $S_X(x) = P(X \geqslant x)$ 代表 X 的生存函数，在不引起混淆的情况下，$S_X(x)$ 简写为 $S(x)$。

2.4.1   简单的风险定价函数

传统的风险定价函数等于潜在损失的数学期望，即给定保险风险 X，对应的风险定价函数为 $\rho(X) = E(X)$，这样的风险定价函数又称为纯粹风险定价函数（Pure risk premium 或 Net risk premium）。纯粹风险定价函数广泛应用于精算领域，这是因为保险公司认为当所出售的保险产品足够多时，根据概率理论的大数定理，风险事实上可以被充分分散掉,保险公司面临的损失在平均意义上等于损失的期望。

纯粹风险定价函数可以进一步推广为期望价值风险定价函数 (Expected value risk premium),即 $\rho(X)=(1+\theta)E(X)$,其中 $\theta\geqslant0$。期望价值风险定价函数在纯粹风险定价函数的基础上考虑了额外的风险补偿。由于期望价值风险定价函数概念简单并且容易理解,因此广泛地应用于保险经济学中。

上述风险定价函数尽管概念简单直观,但由于没有考虑风险本身的波动而备受争议。因此人们提出了一系列考虑风险本身波动的风险定价函数,如 $\rho(X)=E(X)+\alpha\,\mathrm{var}(X)$,或 $\rho(X)=E(X)+\alpha\sigma(X)$,其中 $\alpha>0$,$\mathrm{var}(X)$ 和 $\sigma(X)$ 分别代表 X 的方差和标准差。因此前者称作方差风险定价函数,后者称作标准差风险定价函数。Buhlmann (1970)详细研究了方差风险定价函数,并且指出它可近似等于零效用风险定价函数(见式 2.2)。标准差风险定价函数也被广泛应用于财产保险中,而 Denneberg (2002)则指出在计算风险价格时,标准差应该用绝对离差代替。Schweizer (2001)和 Møller (2001)考虑了方差风险定价函数和标准差风险定价函数在动态金融市场中的应用。

2.4.2　由效用函数导出的风险定价函数

利用 von Neumann and Morgenstern (1944)期望效用函数导出风险定价函数的方法最早可以追溯到 Borch (1968),而开创性的工作则是 Buhlmann (1970)所引入的著名的零效用风险定价函数。假设保险公司的初期资金为 W,由于要承担投保者转移过来的风险,因此保险公司在未来可能会遭受某一不确定的损失 X。保险公司对风险 X 的定价应该使得它对于是否承担这个风险是无差异的。假设 u 为保险公司的效用函数,并且 u 是财富的增函数和凹函数,则保险定价函数 $\rho(X)$ 应当满足以下方程

$$u(W)=E[u(W-X+\rho(X))] \qquad (2.1)$$

式(2.1)的左边表示保险公司对风险 X 不提供保险时的效用,而右边

表示保险公司对风险 X 提供保险时的期望效用,因此 $\rho(X)$ 的取值使得保险公司在是否提供保险之间无差异,因此称作保险公司的无差异价格,金融理论又称其为保险公司的保留价格(reservation price)。若令 $v(x)=u(W+x)$,则式(2.1)可以写为

$$v(0)=E[v(\rho(X)-X)]. \tag{2.2}$$

$\rho(X)$ 就是所谓的零效用风险定价函数。

当 $v(x)$ 具有指数形式时,即 $v(x)$ 满足

$$v(x)=\begin{cases} \dfrac{1}{a}(1-e^{-ax}), & a>0 \\ x, & a=0 \end{cases} \tag{2.3}$$

则式(2.2)的解为(见 Gerber(1974))

$$\rho(X)=\begin{cases} a^{-1}\ln E(e^{aX}) & \text{if } a>0, \\ E(X) & \text{if } a=0. \end{cases} \tag{2.4}$$

其中 $\rho(X)=a^{-1}\ln E(e^{aX})$ 又被称作指数风险定价函数,Goovaerts *et al*.(2003)指出指数风险定价函数具有很多很好的性质,包括

性质 1:对任意的 $X,Y\in g$,若 X 和 Y 相互独立,则 $\rho(X+Y)=\rho(X)+\rho(Y)$。

性质 2:若 $X\leqslant_{cx}Y$[①],则 $\rho(X)\leqslant\rho(Y)$。

性质 3:ρ 和具体采用的货币单位无关。

性质 4:若 (X,Y) 比 (X',Y') "更加相关"[②],则有 $\rho(X+Y)\geqslant\rho(X'+Y')$;并且只有当 (X,Y) 和 (X',Y') 具有相同的联合分布时,等式成立。

由性质 1 和性质 4 还可以推出以下结论:

　　[①]　$X\leqslant_{cx}Y$ 指对于任意的凸函数 f,都有 $E[f(X)]\leqslant E[f(Y)]$ 成立。凸排序反映了个体的风险厌恶,如果风险 X 和 Y 满足 $X\leqslant_{cx}Y$,则理性的风险厌恶个体将更加偏好 X(Rothschild & Stiglitz 1970)。

　　[②]　(X,Y) 比 (X',Y') "更加相关"指的是在具有相同边缘分布的条件下,X 和 Y 在任意点的联合分布函数值都大于 X' 和 Y' 在该点的分布函数值。

性质 5:若 X 和 Y 正象限相依[①],则有 $\rho(X)+\rho(Y)\leqslant\rho(X+Y)$。

指数风险定价函数被广泛应用于保险定价中,Promislow and Young(2002)和 Young(2003)采用指数风险定价函数对保险产品进行定价,Musiela and Zariphopoulou(2002)采用指数风险定价函数对非完备市场中的金融产品进行定价。

另外一种刻画个体在不确定性情况下的选择理论为 Yaari(1987)所提出的对偶理论,von Neumann and Morgenstern(1944)所提出的期望效用函数是概率的线性组合,而对偶效用函数则是将个体效用函数表示为财富的线性组合,即

$$v(X)=\int_{-\infty}^{0}(h[S(x)]-1)\mathrm{d}x+\int_{0}^{+\infty}h[S(x)]\mathrm{d}x \qquad (2.5)$$

其中 h 为递增和凸函数,并且满足 $h(0)=0$ 和 $h(1)=1$。可以证明,此时式(2.2)的解为

$$\rho(X)=\int_{-\infty}^{0}(g[S(x)]-1)\mathrm{d}x+\int_{0}^{+\infty}g[S(x)]\mathrm{d}x \qquad (2.6)$$

其中 $g(s)=1-h(1-s)$。显然,$g(s)$ 是一个单调增函数,并且满足 $g(0)=0,g(1)=1$。

定义 2.2 若函数 $g:[0,1]\to[0,1]$ 是单调增函数,同时满足 $g(0)=0,g(1)=1$,则称函数 g 为扭曲函数。

式(2.6)中的函数 g 为扭曲函数,因此称由式(2.6)定义的风险定价函数为扭曲风险定价函数。式中,我们考虑了 $X<0$,即资产未来的潜在收益。若假设 X 代表纯损失,即 $X\geqslant0$,则式(2.6)可以写为:

$$\rho(X)=\int_{0}^{+\infty}g[S(x)]\mathrm{d}x. \qquad (2.7)$$

扭曲风险定价函数不但可以通过效用函数方法推导出来,它也可以通过公理化的方法求得。由于这一工作是 Wang *et al.*(1997)所做的,所以扭曲风险定价函数又称作 Wang 风险定价函数。

[①] 如果对任意的 $x,y\in R$,都有 $P(X\leqslant x,Y\leqslant y)\geqslant P(X\leqslant x)P(Y\leqslant y)$,则称 X 和 Y 正象限相依。

2.4.3　公理化方法

求出风险价格函数的另一种方法是采用公理化方法,即列出风险的价格函数所需要满足的几个公理性假设,然后根据这些假设来确定风险价格函数具体的函数形式。Wang *et al*.(1997)通过公理化方法提出了 Wang 风险价格函数,他们指出一个合理的风险价格函数应该满足以下五条性质:

性质 1　独立性(Independence):在给定的市场条件下,风险 X 的价格 $\rho(X)$ 仅依赖于 X 的分布。这一条件表明,风险价格只和风险的概率分布有关,而和风险是由什么因素引起的没有关系。

性质 2　单调性(Monotonicity):给定的 2 个风险 X 和 Y,若对于任意的 $\omega \in \Omega, X(\omega) \leqslant Y(\omega)$,则 $\rho(X) \leqslant \rho(Y)$。这一条件的含义为若风险 X 在未来各个状态下的损失都不超过 Y,那么风险 X 的价格低于风险 Y 的价格。

性质 3　共单调可加性(Comonotonic additivtiy):若风险 X 和 Y 是共单调的[①],则有等式 $\rho(X+Y)=\rho(X)+\rho(Y)$ 成立。这一条件的合理性在于,一方面由于投资组合的风险分散效益,$\rho(X+Y)$ 不会超过 $\rho(X)+\rho(Y)$;另一方面由于 X 和 Y 是同方向变动,它们之间的风险是不可分散的,因此 $\rho(X+Y)$ 至少等于 $\rho(X)+\rho(Y)$。

性质 4　连续性(Continuity):对任意的风险 $X \in \mathcal{G}$,函数 ρ 满足 $\lim\limits_{d \to 0^+} \rho[\max(X-d,0)]=\rho(X)$ 和 $\lim\limits_{d \to \infty} \rho[\min(X,d)]=\rho(X)$。第一个条件表明损失随机变量的微小变动只会导致相应价格的微小变动;第二个条件指出即使 X 不是有界的随机变量,其价格可以通过有界变量来近似。

性质 5　风险负荷合理性(No unjustified risk-loading):若 $X \in \mathcal{G}$ 满足 $P(X=c)=1$,其中 $c \geqslant 0$ 是一个常数,则有 $\rho(X)=c$。

---

① 两个随机变量 X 和 Y 是共单调的,如果存在一个随机变量 U,和单调非减函数 g 和 h,满足 $X=g(U)$ 和 $Y=h(U)$。

满足上述 5 条性质的风险定价函数 ρ 称作 Wang 风险定价函数，Wang et $al.$ (1997)给出了 Wang 风险定价函数的如下表示定理：

定理 2.1 若风险定价函数 $\rho:G \to \overline{R}^+ = [0, +\infty]$ 满足上述 5 条性质，则存在一个增函数 $g:[0,1] \to [0,1]$，满足 $g(0)=0,g(1)=1$，且有

$$\rho(X) = \int_0^{+\infty} g[S(x)]\mathrm{d}x \ . \tag{2.8}$$

同时若风险集合 G 包含所有服从伯努力二项分布的随机变量，则函数 g 是唯一的。

Wang et $al.$ (1997)证明了 Wang 风险定价函数具有以下性质：

性质 1：$\rho(X) \geqslant E(X)$ 对任意的 $X \in G$ 都成立，当且仅当对任意的 $u \in [0,1],g(u) \geqslant u$。

性质 2：对任意的 $X \in G,\rho(X) \leqslant \max\limits_{\omega \in \Omega} X(\omega)$，即风险 X 的定价小于可能遭受的最大损失。

性质 3：对任意的 $a \geqslant 0,b \geqslant 0,\rho(ax+b)=a\rho(x)+b$。

性质 4：当 g 为凹函数时，ρ 满足对任意的 $X,Y \in G,\rho(X+Y) \leqslant \rho(X)+\rho(Y)$。

性质 5：当 g 为凹函数时，ρ 一致于二阶随机占优，即对任意的 $x \geqslant 0$，若成立 $\int_x^{+\infty} S_X(t)\mathrm{d}t \leqslant \int_x^{+\infty} S_Y(t)\mathrm{d}t$，则 $\rho(X) \leqslant \rho(Y)$，其中 $S_X(x) = P(X \geqslant x)$ 代表 X 的生存函数。

Wang 风险测度和 Artzner et $al.$ (1999)所提出的一致风险测度存在一定的联系，并且 VaR 和 CVaR 都可以表示为 Wang 风险定价函数的特例(见 Lynn Wirch and Hardy (1999))。根据函数 g 的不同，Wang (1996)列举了一系列 Wang 风险定价函数的特例。Young (1999)讨论了 Wang 风险定价函数下的最优保险政策问题。

2.4.4 均衡模型方法

前面采用的风险定价方法所存在的一个缺点是它们并没有考虑交换风险的市场，没有考虑市场参与者的相互作用。均衡模型方法考虑

到转让风险的个体同承担风险的个体之间的风险交换，通过竞争均衡模型对风险进行定价。

若市场参与个体所面临的风险为 $X_j, j=1,2,\cdots,n$，且第 j 个个体的效用函数为指数效用函数形式（见式 2.3），相应的风险厌恶系数为 $a_j>0$。个体通过风险交换，以使得自己的期望效用函数最大化。假设市场满足出清条件，即市场处于均衡状态。Buhlmann（1980）证明了以下定理：

定理 2.2　若市场参与个体效用函数满足上述假设，且市场处于均衡状态，则风险 X 的价格可表示为

$$\rho(X)=\frac{E(Xe^{aZ})}{E(e^{aZ})} \tag{2.9}$$

其中 $Z=\sum_{j=1}^{n}X_j$ 代表市场的总风险，$a^{-1}=\sum_{j=1}^{n}a_j^{-1}$ 反映了市场整体的风险厌恶程度。

由式（2.9）我们可以看到，在考虑市场均衡的条件下，风险的价格不但和分布有关，而且和市场整体的总风险和风险厌恶程度有关。定理 2.2 的风险定价函数定义了一个 Esscher 变换，因此称之为 Esscher 风险定价函数。若令 $\xi=\dfrac{e^{aZ}}{E(e^{aZ})}$，则式（2.9）可以写为 $\rho(X)=E(\xi X)$，因此 ξ 称作状态价格密度函数。

Esscher 风险定价函数除了应用于保险精算领域（如 Kahn（1962）），Gerber and Shiu（1994）讨论了 Esscher 风险定价函数在期权定价中的应用。Aase（2002），Gerber and Pafumi（1998）与 Cummins（1990）对风险的均衡模型定价方法进行了详尽的综述。

2.5　风险监控部门：量化风险损失

自 20 世纪 70 年代布雷顿森林货币体系瓦解以来，受金融管制放松和金融自由化发展，以及信息技术和金融创新的因素的影响，金融市

场的不确定性大大加强。各个金融机构,尤其是监管部门,需要一种有效的量化风险损失的手段,以对风险暴露进行有效的控制和管理。

2.5.1 VaR 风险测度

（一）VaR 的定义

某一资产 X 的 VaR 指的是在正常的市场条件和一定的置信水平 α（通常是 95％或 99％）下,该资产在未来特定的一段时间内的最大可能损失,其严格数学定义为（见 Acerbi（2002））：

$$\rho(X) = \mathrm{VaR}_\alpha(X) = -\sup\{m \in R : P(X \leqslant m) \leqslant \alpha\} \qquad (2.10)$$

当持有期为 1 个月,概率置信水平 95％时,如果所估计的 VaR 值为 5000 万元,则意味着该投资者估计资产在 1 个月后发生的损失额超过 5000 万的概率不会超过 5％,凭这一估计的概率损失额投资者可以作出相关的决策。由此可见,这种基于概率意义上的 VaR 损失在概念上十分直观地描述了资产在未来时刻可能发生的损失数额。

由定义可知,VaR 的计算涉及 2 个重要参数:持有期和概率置信水平,这 2 个参数对 VaR 的计算及应用都起着重要的作用。一般来说,持有期的选择取决资产组合自身的特点:资产的流动性越强,相应的持有期越短;反之,流动性越差,持有期则越长。巴塞尔委员会选择 10 个交易日作为资产组合的持有期,这反映了其对监控成本及实际监管效果的一种折中。持有期太短则监控成本过高;持有期太长则不利于及早发现潜在的风险。置信水平的选取反映了风险管理者对风险的厌恶程度。置信水平越高,厌恶风险的程度越大。国外已将 VaR 值作为衡量风险的一个指标对外进行信息披露,它们选择的置信水平就不尽相同,如美洲银行选择的置信水平为 95％,花旗银行为 95.4％,大通曼哈顿银行为 97.5％,巴塞尔委员会的规定是要求采用 99％的置信水平。

估计 VaR 的方法很多,包括历史模拟法、蒙特卡洛法等,Duffie and Pan（1997）、乔瑞（2005）和王春峰（2001）对这方面内容进行了详细的综述。

（二）VaR 的优点

VaR 方法能简单清晰地表示市场风险的大小，具有概念简单直观的优点。它可以把各个金融工具、资产组合以及金融机构总体的市场风险量化为一个数字，这使得机构投资者与市场监管者能够很方便地将其与其他数字指标进行比较，如将金融机构的市场风险与其利润总额或资本总额进行比较，从而判断其承受市场风险的能力大小。正是由于 VaR 的这一特性极大地方便了金融监管部门对各金融机构的有效监管，因此各监管部门纷纷采用 VaR 作为工具进行风险监管。同时 VaR 在理论上也有很好的性质，例如：

（1）单调性：对于任意的 $X,Y \in \mathcal{G}$，若 $X \leqslant Y$，则 $\rho(X) \geqslant \rho(Y)$。单调性表明一个资产在任何可能出现的情况下都优于另外一个资产，那么这个资产的风险理应是较小的。

（2）正齐次性：对于任意的 $\lambda > 0$ 和 $X \in \mathcal{G}$，都有 $\rho(\lambda X) = \lambda \rho(X)$。正齐次性表明相同资产构成的组合无法实现风险分散效益。同时，假如风险是由不同的币值来度量，这一点显得更有意义，因为正齐次性表明度量单位对度量函数呈线性影响。

（3）平移不变性：对于任意的 $a \in R$ 和 $X \in \mathcal{G}$，$\rho(X+a) = \rho(X) - a$。平移不变性指的是如果对随机收益 X 增加了一个确定的收益 a，那么 $\rho(x)$ 度量的风险相应的减小 a。

（4）分布不变性：对任意的 $t \in R$，若 $P(X \leqslant t) = P(Y \leqslant t)$，则有 $\rho(X) = \rho(Y)$。分布不变性是风险测度需要满足的一个重要性质，如果风险测度 ρ 不满足分布不变性，那么它就不能通过实际数据对风险测度进行一致地估计。

（5）共单调可加性：若 X 和 Y 是共单调的，则有 $\rho(X+Y) = \rho(X) + \rho(Y)$。

（三）VaR 的不足

尽管 VaR 在理论和实际应用中有很多优点，它也存在一定的缺陷。在理论上，Artzner *et al.* (1999)指出 VaR 存在以下不足：首先，VaR 只是测度了收益损失分布的分位数，而没有考虑 VaR 水平以上的任何损失。其次，Embrechts (2000)指出当多个资产收益率的联合分布服从联合椭圆分布时，VaR 满足次可加性[①]。但是，对于一些更一般的分布，VaR 并不满足次可加性。VaR 不满足次可加性蕴涵了组合多样化可能导致风险的增加，即资产组合达不到分散和降低风险的效果，或者一个分散良好的投资组合的风险可能会大于分散较差的投资组合的风险值，显然这与风险分散化理论相违背。

在实际应用中 VaR 模型存在一定的模型风险，VaR 模型计量结果的可靠性要受模型假设前提合理性的限制。另外 VaR 方法是一种向后看的方法，对未来的损失是基于历史数据，并假定变量间过去的关系在未来保持不变，Beder (1995)，Frey and McNeil (2002)，Basak and Shapiro (2001)，Szego (2005)指出 VaR 在实际应用中无法准确度量风险。由于衍生产品市场具有价格发现的功能，因此，Jorion (1995)和 Campa and Chang (1998)提出采用期权隐含波动率的方法计算 VaR。Ahn *et al.* (1999)研究了如何采用 VaR 作为风险测度管理期权风险。

2.5.2 一致风险测度

由于 VaR 在理论上存在不足，特别是 VaR 对于一般的分布不满足次可加性，Artzner *et al.* (1999)提出了一致风险测度的公理体系。

定义 2.3 风险度量 ρ 称为一致风险测度，如果它满足：

(R1)次可加性：对任意的 $X,Y\in\mathcal{G},\rho(X+Y)\leqslant\rho(X)+\rho(Y)$。

(R2)正齐次性：对任意的 $X\in\mathcal{G}$ 和 $\lambda\geqslant0,\rho(\lambda X)=\lambda\rho(X)$。

(R3)单调性：对任意的 $X,Y\in\mathcal{G}$，若 $X\leqslant Y,a.s.$，则 $\rho(X)\geqslant\rho(Y)$。

(R4)平移不变性：对任意的 $a\in R$ 和 $X\in\mathcal{G},\rho(X+a)=\rho(X)-a$。

---

① 若对任意的 2 个随机变量 X,Y,ρ 满足 $\rho(X+Y)\leqslant\rho(X)+\rho(Y)$，则称风险测度 ρ 满足次可加性。

Artzner *et al*. (1999) 给出了一致性风险测度的表示定理：

定理 2.3 风险测度 ρ 是一致风险测度，当且仅当 ρ 可表示为

$$\rho(X) = \sup[E_P(-X) \mid P \in \mathcal{P}] \tag{2.11}$$

其中 $\mathcal{P}$ 为定义在 Ω 上的测度集合。

Delbaen (2002) 讨论了一般测度空间的一致风险测度。一致风险测度在实际风险管理实践中有广泛应用：例如在情境模拟压力测试中，最大损失法指的是某一资产的风险测度等于各个情境下该资产的最大损失，显然最大损失法的思想同式 (2.11) 是一致的。世界各大期货交易所广泛采用的保证金计算系统，SPAN 和 TIMS，均采用了类似的思想[1]。同时理论上人们也提出了各种满足一致性风险测度公理体系的风险测度。

（一）CVaR

基于 VaR 仅仅考虑了某一分位点对应的损失，而没有考虑超过该分位点水平以上的损失，Rockafellar and Uryasev (2000) 提出采用 CVaR 作为风险测度。CVaR 考虑了超过 VaR 水平的损失，是未来损失超过 VaR 水平的条件期望。Rockafellar and Uryasev (2002) 给出了一般分布情况下 CVaR 的严格数学定义。事实上可以证明，Rockafellar and Uryasev (2002) 所提出的 CVaR 风险测度等价于 Acerbi and Tasche (2002) 所提出的期望损失测度（Expected Shortfall, ES），即

$$\text{CVaR}_\alpha(X) = ES_\alpha(X) = \alpha^{-1} E\left[-X 1_{\{X \leqslant -VaR_\alpha(X)\}}^{(\alpha)} \right] \tag{2.12}$$

其中

$$1_{\{X \leqslant x\}}^{(\alpha)} = \begin{cases} 1_{\{X \leqslant x\}} & \text{if } P(X=x)=0 \\ 1_{\{X \leqslant x\}} + \dfrac{\alpha - P(X<x)}{P(X=x)} 1_{\{X=x\}} & \text{if } P(X=x) \neq 0 \end{cases}$$

若 X 是连续分布，则上式可以简化为

---

[1]　见 Chicago Mercantile Exchange (1995) 和 T.O.C Corporation (1997)。

$$CVaR_a(X) = \alpha^{-1}E(-X1_{\{X \leqslant -VaR_a(X)\}}) = E(-X \mid X \leqslant -VaR_a(X))$$

$$(2.13)$$

Rockafellar and Uryasev (2002)证明了 CVaR 是一种一致风险测度，并指出 CVaR 是 α 的连续函数，并且具有左右导数。

（二）CVaR 同 VaR 的比较

由于 VaR 不满足次可加性，因此它不是一致风险测度。同 VaR 相比，CVaR 在理论上更加完善，它考虑了超过 VaR 水平以上的损失，并且是一种一致风险测度。但由于未来损失超过 VaR 的概率非常小，而 CVaR 度量的是未来损失超过 VaR 水平的条件概率，因而准确的估计 CVaR 需要大量的观测数据。

Yamai and Yoshiba (2002b)指出同 VaR 相比，CVaR 更容易进行分解[①]和优化[②]。但是为得到相同的估计精度，CVaR 需要更多的观测数据。Yamai and Yoshiba (2002a)指出 CVaR 一致于期望效用最大化和免于尾部风险的条件比 VaR 一致于期望效用最大化和免于尾部风险的条件更加宽松[③]。当分布具有肥尾特征，或者是资产收益具有尾部相关性时，VaR 和 CVaR 都会低估风险，但 VaR 相对来说估计误差更加严重。

Yamai and Yoshiba (2005)从实际应用的角度对 VaR 和 CVaR 进行了比较，他们的结论主要有：

（1）期望效用最大化的投资者在采用 VaR 作为风险测度时可能会被误导，他们所建立的头寸很可能遭受 VaR 水平以上的损失。

（2）VaR 的计算在极端波动的市场是不准确的。在资产价格发生极端波动，或者资产相关关系出现极端变动情况下，VaR 可能会低估

[①] 风险测度是否容易分解对于实际的风险管理过程非常重要，一个典型的问题是哪种头寸的变化对资产组合的风险暴露影响最大？这种信息非常有用。通过风险测度的分解，风险管理者可以了解到组合中各个资产的风险暴露，以及它占总风险暴露的比重和相对大小。Grootveld and Hallerbach (1999)和 Tasche (2002)讨论了风险分解的计算方法。

[②] Rockafellar and Uryasev (2000)证明了基于 CVaR 的最优投资组合问题可以转换为一个线性规划问题。

[③] 具体来说，VaR 一致于一阶随机占优，而 CVaR 一致于二阶随机占优；VaR 免于一阶尾部风险，而 CVaR 免于二阶尾部风险。

风险。

（3）投资者或者风险管理者可以采用 CVaR 作为风险测度来解决上述两个问题，因为 CVaR 考虑了 VaR 水平以上的损失。

（4）CVaR 的有效性倚赖于估计的精度，而要达到相同水平的精度，CVaR 比 VaR 需要更多的样本数据。

（三）同 CVaR 类似的风险测度

同 CVaR 类似的风险测度还包括 TCE(Tail Conditional Expectation)、最坏条件期望 WCE(Worst Conditional Expectation)、期望后悔 ER (Expected Regret)和高阶期望损失 ES(Expected Shortfall)。

按照 Artzner *et al*. (1999)的定义，尾部条件期望定义为

$$\mathrm{TCE}_a = \mathrm{TCE}_a(X) = E(-X \mid X \leqslant -VaR_a(X)) \qquad (2.14)$$

最坏条件期望 WCE 定义为

$$\mathrm{WCE}_a(X) = -\inf\{E(X \mid A) \mid P(A) > \alpha\} \qquad (2.15)$$

根据 Artzner *et al*. (1999)和 Acerbi and Tasche (2002)证明了有以下关系存在：

$$\mathrm{TCE}_a(X) \leqslant \mathrm{WCE}_a(X) \leqslant \mathrm{CVaR}_a(X) \qquad (2.16)$$

而当 X 服从连续分布的时候，式中的等式成立。

期望后悔事实上是一阶下偏矩。Testuri and Uryasev (2000)研究了期望后悔和 CVaR 之间的关系，指出一个最小化 CVaR 的投资组合，同样也最小化某一目标价值的期望后悔。反之，结论也成立，即一个最小化期望后悔的投资组合，同样也最小化某一置信水平下的 CVaR。

随机占优理论基于期望效用函数理论，是人们在不确定环境下进行决策的理论基础。唐爱国（2003）在传统随机占优理论和 Quiggin (1982，1993)的广义期望效用函数基础上，提出了广义随机占优理论。在此基础上，唐爱国和秦宛顺（2003）提出了广义随机占优单调一致风险测度公理体系，并指出 n 阶期望损失作为风险测度满足广义随机占优单调一致风险测度公理体系，其定义为：

$$ES_\alpha^{(n)}(X) = -n! \ \alpha^{-n} Q_\alpha^{(n)}(X)$$

其中 n 阶分位数积分 $Q_\alpha^{(n)} = \int_0^\alpha Q_p^{(n-1)}(X)\mathrm{d}p$，$Q_\alpha^{(0)}(X) = \inf\{x \in R,$ $P[X \leqslant x] \geqslant \alpha\}$ 为 X 的下 α 分位数。由 Acerbi and Tasche（2002）的命题 2.3 可知

$$\mathrm{CVaR}_\alpha(X) = ES_\alpha(X) = -\alpha^{-1} Q_\alpha^{(1)}(X) = ES_\alpha^{(1)}(X)$$

即 CVaR 事实上是 1 阶期望损失。

（四）谱风险测度

Acerbi（2002）所提出的谱风险测度，是在 CVaR 的基础上扩展起来的一类一致风险测度，这一类风险测度将风险管理者的主观风险偏好纳入到风险测度的定义中来，从而在一致风险测度和期望效用理论建立了联系。在谱风险测度定义中，通过"风险厌恶函数 φ"来反映个体的风险偏好。

定义 2.4　$\varphi \in \mathcal{L}^1([0,1])$ 称作是可接受谱函数，如果 φ 满足

（1）φ 是"正"的，即对于任意的 $I \subset [0,1]$，$\int_I \varphi(p)\mathrm{d}p > 0$。

（2）φ 是"单调递减"的，即对于任意的 $q \in (0,1)$ 和 $\varepsilon > 0$，满足 $[q-\varepsilon, q+\varepsilon] \subset [0,1]$，都有 $\int_{q-\varepsilon}^q \varphi(p)\mathrm{d}p \geqslant \int_q^{q+\varepsilon} \varphi(p)\mathrm{d}p$。

（3）$\|\varphi\| = \int_0^1 |\varphi(p)|\mathrm{d}p = 1$。

条件（1）和条件（3）是标准化条件，因此 φ 可以看作是一个权重函数，而条件（2）则反映了 φ 对于较坏的情形赋予了更大的权重。Acerbi（2002）证明了可接受谱函数和一致谱风险测度之间存在着一一对应的关系：

定理 2.4　定义 $M_\varphi(X)$ 为

$$M_\varphi(X) = -\int_0^1 x_{(p)}\varphi(p)\mathrm{d}p \tag{2.17}$$

其中 $x_{(p)} = \inf(u: P(X \leqslant u) \geqslant p)$，$\varphi \in \mathcal{L}^1([0,1])$，则 $M_\varphi(X)$ 为一致风险测度当且仅当 φ 是一个可接受谱函数。此时 φ 称作 $M_\varphi(X)$ 的

"风险厌恶函数",相应的 $M_\varphi(X)$ 称作 φ 的谱风险测度。

事实上,很容易推出 CVaR 是谱风险测度的一个特例。令

$$\varphi(p) = \frac{1}{\alpha} 1_{\{0 \leqslant p \leqslant \alpha\}} \tag{2.18}$$

代入(2.17)式有

$$M_\varphi(X) = -\int_0^1 x_{(p)} \varphi(p) \mathrm{d}p = -\frac{1}{\alpha} \int_0^1 x_{(p)} 1_{\{0 \leqslant p \leqslant \alpha\}} \mathrm{d}p = -\frac{1}{\alpha} \int_0^\alpha x_{(p)} \mathrm{d}p$$

由 Acerbi and Tasche (2002)得

$$M_\varphi(X) = -\frac{1}{\alpha} \int_0^\alpha x_{(p)} \mathrm{d}p = CVaR_\alpha(X)$$

由式可知,$\varphi(p)$ 在 $p \in [0,\alpha]$ 区间上均匀分布,而在其他区间取值为 0,因此按照 $\varphi(p)$ 生成的谱风险测度和 CVaR 是一致的,即 $CVaR_\alpha$ 度量的是损失超过 $100\alpha\%$ 置信水平的平均损失。但是,一般情况下,风险厌恶函数 $\varphi(p)$ 对于分布 p 分位点赋予不同的权值。为了保证谱风险测度为一致风险测度,对于越大的损失,$\varphi(p)$ 赋予越大的权重。

容易得出 VaR 对应的谱函数 $\varphi(p) = \delta(p - \alpha)$[①]。当 $p = \alpha$ 时,$\varphi(p) \to \infty$,当 $p \neq \alpha$ 时,$\varphi(p) = 0$。即 VaR 只关注的是 α 分位点的损失,而没有考虑其他情况下的损失。由于 $\varphi(p)$ 不满足单调递减条件,因此 VaR 不是一个谱风险测度。

Cotter and Dowd (2006)讨论谱风险测度在期货保证金设定中的应用,他们采用的是指数形式的风险厌恶函数,其定义为

$$\varphi(p) = \frac{Re^{-R(1-p)}}{1 - e^{-R}} \tag{2.19}$$

其中 $R > 0$ 代表投资者的绝对风险厌恶程度。Cotter and Dowd (2007)详细讨论了指数风险厌恶函数的性质。

2.5.3　看跌期权费风险测度

作为测度风险的一种有效方法,看跌期权具有非常直观的经济含

---

① $\delta(x)$ 是 Diracdelta 函数,满足 $\int_a^b f(x)\delta(x-c)\mathrm{d}x = f(c)$,$\forall c \in (a,b)$

义。Jarrow（2002）指出，公司为避免破产的保险费用等于以公司净资产为标的资产，执行价为 0 的看跌期权费，因此他利用该看跌期权费作为风险测度衡量公司破产风险。

但是看跌期权费并不满足 Artzner *et al.*（1999）所提出的一致风险测度的平移不变性公理假设。具体讲，平移不变性要求增加 a 的资金将使得风险测度减少 a，而看跌期权并不满足这一性质，增加 a 的资金使得看跌期权费减少，但是减少量小于 a。因此，Jarrow（2002）放宽了 Artzner *et al.*（1999）的一致风险测度公理假设，提出了看跌期权费所满足保险费风险测度公理假设，即

（I1）次可加性：对任意的 $X,Y \in \mathcal{G}, \rho(X+Y) \leqslant \rho(X) + \rho(Y)$。

（I2）正齐次性：对任意的 $X \in \mathcal{G}$ 和 $\lambda \geqslant 0, \rho(\lambda X) = \lambda \rho(X)$。

（I3）单调性：对任意的 $X,Y \in \mathcal{G}$，若 $X \geqslant Y, a.s.$，则 $\rho(X) \leqslant \rho(Y)$。

（I4）平移单调性：对任意的 $a > 0$ 和 $X \in \mathcal{G}$，若 $X \leqslant 0$ 且 $X \neq 0$，则有 $\rho(X+a) < \rho(X) < \rho(X-a)$。

（I5）有界相关性：对任意的 $X \in \mathcal{G}$，若 $X \leqslant 0$ 但 $X \neq 0$ 且 $\{X(\omega) = 0\} \neq \varphi$，则有 $\rho(X) > 0$。

2.5.4　凸风险测度

Artzner *et al.*（1999）提出的一致风险测度中的齐次性公理假设认为风险测度随着风险头寸变化呈线性变化，即 $\rho(\lambda X) = \lambda \rho(X)$。但 Follmer and Schied（2002）指出在实际中这种线性变化关系往往不成立，风险头寸的变化对风险测度的影响往往是非线性的。例如，在考虑流动性风险时，较大的头寸往往会带来较大的流动性风险。因此，Follmer and Schied（2002）放宽了一致风险测度的公理假设，提出了凸风险测度公理假设。

定义 2.5　风险测度 ρ 称作凸风险测度，如果 ρ 满足

（C1）凸性：对任意的 $X,Y \in \mathcal{G}$ 和 $0 \leqslant \lambda \leqslant 1, \rho(\lambda X + (1-\lambda)Y) \leqslant \lambda \rho(X) + (1-\lambda)\rho(Y)$。

(C2)单调性:对任意的 $X,Y \in \mathcal{G}$,若 $X \geqslant Y, a.s.$,则 $\rho(X) \leqslant \rho(Y)$。

(C3)平移不变性:对任意的 $X \in \mathcal{G}, a \in R, \rho(X+a) = \rho(X) - a$。

Follmer and Schied (2002)给出了以下凸风险测度的表示定理:

定理 2.5　设 $\mathcal{P}$ 为定义在 Ω 上的测度集合,则风险测度 ρ 为凸风险测度当且仅当存在一个惩罚函数 $\alpha : \mathcal{P} \rightarrow (-\infty, +\infty]$ 满足

$$\rho(X) = \sup_{Q \in \mathcal{P}}(E_Q(-X) - \alpha(Q)) \qquad (2.20)$$

其中惩罚函数 α 满足对任意的 $Q \in \mathcal{P}, \alpha(Q) \geqslant \rho(0)$。

2.6　各类风险测度之间的关系

尽管各类风险测度度量风险的角度不同,但是事实上,各类风险测度之间并不是完全独立的,它们之间存在着一定的联系。

2.6.1　离差风险测度同一致风险测度之间的关系

Rockafellar *et al*. (2006)所提出的离差风险测度,从度量资产波动的角度量化了投资者的风险感受;而 Artzner *et al*. (1999)所提出一致风险测度,是从经济资本的角度对风险损失进行了量化。尽管两者度量的角度不同,但是可以证明两者之间在一定的条件下存在着一一对应的关系。Rockafellar *et al*. (2006)证明了以下定理:

定理 2.6　ρ 为一致风险测度,满足 $R1-R4$,D 为离差风险测度,满足 $D1-D4$。若 ρ 同时满足

(R5)对于任意的非常数 $X, \rho(X) > E(-X)$。

则离差风险测度 D 同 ρ 有以下一一对应关系,

(i)$D(X) = \rho(X - EX)$。

(ii)$\rho(X) = D(X) - EX$。

2.6.2　扭曲风险定价函数同谱风险测度之间的关系

扭曲风险定价函数和一致风险测度有着一定的联系,Denneberg

(2002),Wirch and Hardy (2000)证明了当 g 为凹的扭曲函数时,扭曲风险定价函数是一致风险测度。谱风险测度是一类特殊的一致风险测度,Henryk and Silvia (2006)证明了一致的扭曲风险定价函数和谱风险测度之间具有等价性。

设扭曲风险定价函数如式(2.6)定义,谱风险测度如式(2.17)定义,Henryk and Silvia (2006)证明了以下定理:

定理 2.7 令 φ 为分段线形连续可接受谱函数,$\rho_\varphi(X)$ 为相应的定义在有界正风险集合上的谱风险测度,则对任意的 X,$D_g(X)=\rho_\varphi(-X)$ 为一致扭曲风险测度,对应的扭曲函数 g 满足 $g'(u)=\varphi(u)$。

定理 2.8 设 g 为凹函数,D_g 为相应的由式(2.16)定义的扭曲风险定价函数。令 $\varphi(u)=g'(u)$,则由式(2.17)定义的风险测度 ρ_φ 为谱风险测度,并且满足 $\rho_\varphi(X)=D_g(-X)$。

2.7 小结

不同主体由于决策目标的不同,对风险量化的角度也是不同的。对投资主体,他们关心的是如何量化风险感受;对于保险公司,他们的目标是量化风险价格;而对于风险监管部门,他们量化的是风险损失。本章据此将目前的风险测度分为三类,即量化风险感受的风险测度,量化风险价格的风险测度和量化风险损失的风险测度,并给出了上述三类风险测度的具体内容。上述分类方法对于实际中的风险管理者选择适当的风险测度作为决策依据有着积极的作用。

3 极值理论与期货保证金模型

3.1 引言

期货交易是一种杠杆交易,交易中蕴含着巨大的风险,而期货保证金是期货交易所控制期货投资者风险暴露,保证期货市场健康稳健发展的重要手段。较高的保证金水平有利于降低投资者的违约可能性,降低期货市场风险。但是较高的保证金水平同时也会导致投资者的交易成本增加,市场流动性降低,从而降低投资者参与期货投资的意愿。设计合理的保证金水平,对期货市场发展具有重要作用。

Longin(1999),鲍建平(2004)指出目前主要有 2 种保证金设置方法:一种方法基于经济性原则来确定最优的保证金水平,如 Brennan(1986),Telser(1981),Hunter(1986),Shanker and Balakrishnan(2005)通过建立经济优化模型,权衡由保证金带来的违约风险减少和交易成本增加两者的利弊来确定最优的保证金水平;另外一种方法则基于审慎性原则,通过统计学的方法设定保证金水平。Figlewski(1984),Gay et al.(1986)采用正态分布假设研究了给定保证金水平下会员的违约概率。然而大量文献表明金融收益时间序列具有厚尾分布(Coronado,2000),Kofman(1993)和 Longin(1995)指出假设收益率服从正态分布会导致保证金明显被低估。作为正态分布的替代模型,极值理论是专门针对极端事件建模的工具。Booth et al.(1997),Broussard and Booth(1998),Longin(1999),Cotter(2001),Broussard(2001)采用 VaR 作为风险测度,研究了广义极值分布下保证金水平的设置。由于 VaR 仅仅考虑了某一分位点对应的损失,而没有考虑超过该分位点水平以上的损失,所以 VaR 作为风险测度可能会导致风险被低估。国外期货交易所广泛采用的保证金计算系统,例如 SPAN 和 TIMS,基于最大损失法,即通过求解各个情境下期货期权组合的最大损失来设定保证金,而 STANS[①] 系统采用 CVaR 风险测度设定保证金。Cotter and Dowd(2006)采用谱风险测度,研究了广义帕累托分布下保证金水平的设置。

本章基于审慎性原则,通过统计学的方法设定期货保证金水平,使之能一定程度上覆盖期货投资者的风险损失。大量实证研究表明,金融时间序列存在尖峰厚尾分布(Coronado,2000;朱国庆等,2001)。由于期货交易所更为关注的是极端市场情况下期货投资者可能遭受的损失,因此本章我们采用极值理论的 POT 模型来拟和数据的尾部分布,采用 VaR 和 CVaR 作为风险测度并建立相应的保证金模型。本章的结构安排是第二节对两种极值模型,包括 BMM 模型和 POT 模型进行简单的概述,第三节研究了 POT 模型的参数估计方法,重点考察了 POT 模型的阈值选择方法。第四节采用 VaR 和 CVaR 作为风险测度,建立了 POT 模型下的保证金模型。第五节以伦敦铜和上海铜保证金设定为例讨论了上述保证金模型的应用,第六节为小结。

3.2　极值理论:BMM 模型和 POT 模型

极值理论是对极端事件建模的方法,它不关注分布的整体情况,而只对分布的尾部数据进行建模(Embrechts *et al.*, 1997;Embrechts, 2000)。极值理论主要包括两类模型,即 BMM 模型(Block Maxima Method)和 POT 模型(Peaks Over Threshold)。

---

① 　STANS(理论分析与数字模拟系统,System for Theoretical Analysis and Numerical Simulations)是由 OCC(美国期权结算公司,Option Clearing Corporation)开发的一种保证金设定系统。见 http://www.theocc.com/products/margin.jsp。

3.2.1　BMM 模型

BMM 模型又称作分块样本极大值模型,它是一种传统的极值分析方法,所需要的数据量较大,主要用于处理具有明显季节性数据的极值问题。BMM 模型首先对原始数据进行分组,并在各组中选取最大值构成新的极值数据序列,理论上可以证明在一定假设下该极值数据序列依分布收敛于广义极值分布。

设随机变量 $\{X_i, i=1,2,\cdots,n\}$ 是独立同分布的随机变量序列,$X_{(n)}=\max\{X_i, 1\leqslant i\leqslant n\}$ 为序列中的最大值。由 Fisher 和 Tippett 定理(Embrechts $et\ al.$,1997),我们有

$$\frac{X_{(n)}-\mu_n}{\sigma_n} \xrightarrow{d} H \tag{3.1}$$

其中 $\xrightarrow{d}$ 表示依分布收敛,$\sigma_n>0$,$-\infty<\mu_n<+\infty$,H 属于以下 3 种类型极值分布中的一种(其中 $\alpha>0$,$h(x)$ 为对应的分布密度函数):

(i)Weibull 分布:

$$H(x)=\Psi_a(x)=\begin{cases}\exp(-(-x)^a) & x\leqslant 0 \\ 1 & x>0\end{cases}$$

$$h(x)=\begin{cases}\alpha(-x)^{a-1}\exp(-(-x)^a) & x\leqslant 0 \\ 0 & x>0.\end{cases}$$

(ii)Gumbel 分布:

$$H(x)=\Lambda(x)=\exp(-e^{-x})$$

$$h(x)=\exp(-x-e^{-x}).$$

(iii)Frechet 分布:

$$H(x)=\Phi_a(x)=\begin{cases}0 & x\leqslant 0 \\ \exp(-x^{-a}) & x>0\end{cases}$$

$$h(x)=\begin{cases}0 & x\leqslant 0 \\ \alpha x^{-(1+a)}\exp(-x^{-a}) & x>0.\end{cases}$$

Weibull 分布的特征是瘦尾和尾部有限,如均匀分布就属于

Weibull 分布。Gumbel 分布的特征也是瘦尾,并且它的任意阶矩都存在,包括正态分布、对数正态分布和 Gamma 分布等都属于 Gumbel 分布。最重要的一类分布是 Frechet 分布,它具有厚尾特征,包括 Cauchy 分布,学生 t 分布以及帕累托分布都属于 Frechet 分布。图 3 - 1 给出了三种极值分布的分布密度图。

上述 3 种极值分布可以由广义极值分布统一表示为:

$$H_\xi(x) = \begin{cases} \exp[-(1+\xi x)^{-1/\xi}] & \text{if } \xi \neq 0, 1+\xi x > 0 \\ \exp[-\exp(-x)] & \text{if } \xi = 0 \end{cases} \quad (3.2)$$

其中 Frechet 分布对应的是 $\xi = \alpha^{-1} > 0$,Weibull 分布对应的是 $\xi = -\alpha^{-1} < 0$,$\xi = 0$ 对应的则是 Gumbell 分布。

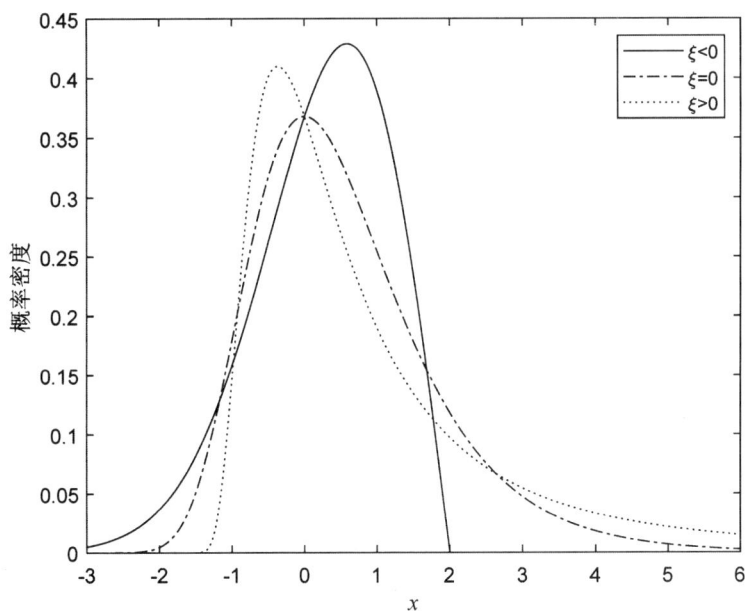

图 3 - 1　三种广义极值分布的分布密度函数图

3.2.2　POT 模型

POT 模型是另一种对极端事件建模的方法,同 BMM 模型相比所需要的数据量较小(Smith 1999)。McNeil and Saladin (1997)指出同其他参数化模型相比,POT 模型能够更好的描述数据的厚尾特征,因而 POT 模型在实际中得到了广泛应用,如保险学和环境分析等(Smith,1989;Davison & Smith,1990)。

POT 模型需要首先设定一个阈值,以超过该阈值的数据构成的数据组作为研究对象。理论上可以证明,在一定假设条件下该数据组依分布收敛于广义帕累托分布。假设随机变量 X 的分布函数为 F,则 X 超过某一阈值 μ 的条件概率分布为

$$F_\mu(x) = P(X - \mu \leqslant x \mid X > \mu) = \frac{F(x+\mu) - F(\mu)}{1 - F(\mu)} \tag{3.3}$$

或

$$F(x+\mu) = [1 - F(\mu)]F_\mu(x) + F(\mu) \tag{3.4}$$

其中 $0 \leqslant x < x_0 - \mu$,$x_0$ 是随机变量 X 的右端点。

由 Pickand、Balkema 和 deHann 定理(Embrechts $et\ al.$, 1997),我们有

$$\lim_{\mu \to x_0} \sup_{0 \leqslant x < x_0 - \mu} |F_\mu(x) - G_{\xi,\sigma}(x)| = 0 \tag{3.5}$$

其中

$$G_{\xi,\sigma}(x) = \begin{cases} 1 - \left(1 + \xi\,\dfrac{x}{\sigma}\right)^{-1/\xi} & \text{if } \xi \neq 0 \\ 1 - \exp\left(-\dfrac{x}{\sigma}\right) & \text{if } \xi = 0 \end{cases} \tag{3.6}$$

$\sigma > 0$ 称作尺度参数,$-\infty < \xi < +\infty$ 称为形状参数,$G_{\xi,\sigma}(x)$ 就是著名的广义帕累托分布。当 $\xi \geqslant 0$ 时,x 的取值范围为 $x \geqslant 0$;当 $\xi < 0$ 时,x 的取值范围为 $0 \leqslant x \leqslant -\sigma/\xi$。当 $\xi > 0$ 时,$G_{\xi,\sigma}$ 是参数化的普通帕累托分布,能够刻画厚尾分布;当 $\xi = 0$ 时,$G_{\xi,\sigma}$ 是指数分布;当 $\xi < 0$ 时,$G_{\xi,\sigma}$ 对应的是帕累托 II 型分布。图 3-2 给出了三种广义帕累托分布的分布密度图。由图中可以直观的看到 ξ 越大,分布的尾部越厚。

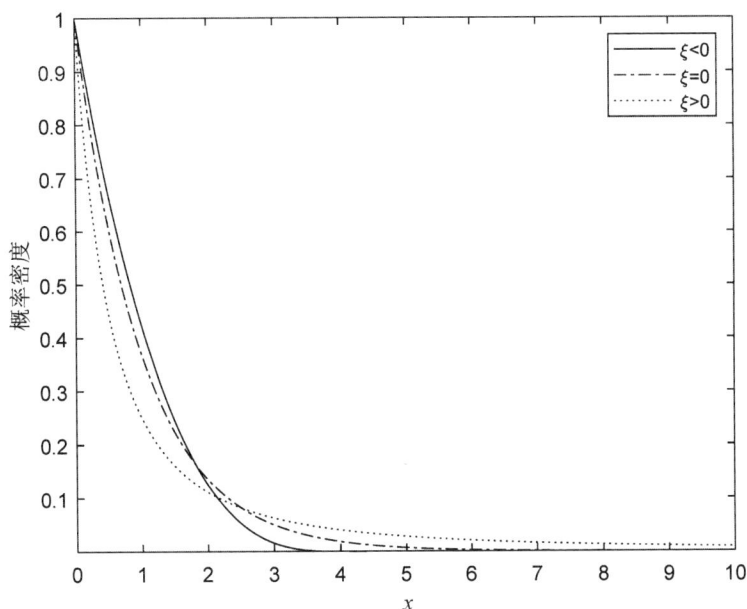

图 3-2 三种广义帕累托分布的分布密度函数图

3.3 POT 模型的参数估计方法

POT 模型中包含 3 个未知参数,即阈值 μ,形状参数 ξ 和尺度参数 σ。Öztekin(2005)给出了三参数的联合估计方法。然而实际中更加常用的方法则是两参数方法,即首先得到阈值 μ 的估计值,并在此基础上利用式(3.6)通过极大似然估计方法求得 ξ 和 σ 的极大似然估计值。在两参数方法中,阈值是一个关键的参数。阈值选择过大会使得超过阈值以上的数据过少而导致估计误差偏大,而阈值选择过小会使得估计数据集中于分布的中部从而导致估计不准确。

众多学者对如何选择合适的阈值进行了研究。Loretan and Phillips(1994)通过仿真的方法指出阈值的选择应使得尾部样本数目不超过样本总规模的 10%,Davison and Smith(1990)提出了超额期望图法,Danielsson and Vries (1997),Danielsson $et\ al$. (2001)提出了二次子样试算法,Goorbergh (1999)提出了残差平方最小化方法,Patie (2000)提出采用峰值法确定阈值,李强 (2001)提出利用拟合优度法来选择阈值,Reiss and Thomas (2001)则建议采用 Hill 图法确定阈值。

上述各种方法中,二次子样试算法和 Hill 图法是应用比较普遍的 2 种方法(Dowd,2002)。二次子样试算法是一种量化的方法,Dowd (2002)指出这种方法在选择阈值时需要较大的样本数量(样本量至少为 1500 个),并且可能会忽视样本中某些相关有用信息。而 Hill 图法尽管可以充分地利用样本数据所包含的信息,但是这种方法是通过主观判断而不是以量化的方式确定阈值。

本节我们在 Hill 图法的基础上,提出一种可量化实现的阈值选择方法。这种方法的优点是一方面它继承了 Hill 图法简单直观并且可以充分利用样本信息的优点,另一方面它是一种量化的方法,可以方便地通过计算机程序实现。

3.3.1　阈值估计模型

令 $X_{(1)} \leqslant \cdots \leqslant X_{(n)}$ 为 $X_1, \cdots, X_n$ 的顺序统计量,则尾部指数的 Hill 统计量(Hill 1975)定义为

$$H(k) = \frac{1}{k} \sum_{j=1}^{k} \ln(X_{(n+1-j)}) - \ln(X_{(n-k)}), k = 1, \cdots, n-1 \quad (3.7)$$

Hill 图指的是由点 $(k, H(k))$ 构成的曲线。由于存在极端事件,在 k 较小的区域 $H(k)$ 的波动会比较大。而随着 k 的增大,$H(k)$ 曲线会趋向于平稳。Reiss and Thomas(2001)选择 Hill 图中由不稳定区域到稳定区域的转折点作为最优的阈值。

(一)拟和 Hill 图的稳定区域

在采用 Hill 图选择阈值时,一个首先需要解决的问题是如何拟和 Hill 图的稳定区域。Dacorogna $et\ al$. (1995)证明几乎所有的厚尾分布都二阶近似服从以下分布函数:

$$F(x) = 1 - ax^{-\alpha}(1 + bx^{-\beta}) \tag{3.8}$$

其中 $\alpha, \beta > 0, a, b \in R$。Dacorogna $et\ al.$(1995)指出,对于上述分布函数类,对给定的 k,Hill 估计量的期望和方差近似为:

$$E(H(k)) \approx \xi - \frac{b\beta}{\alpha(\alpha+\beta)} a^{-\frac{\beta}{\alpha}} \left(\frac{k}{n}\right)^{\frac{\beta}{\alpha}} \tag{3.9}$$

$$\mathrm{var}(H(k)) \approx \frac{1}{k\alpha^2} \tag{3.10}$$

同时 Huisman $et\ al.$(1997)和 Huisman $et\ al.$(1998)指出,对于某些厚尾分布,如学生 t 分布、帕累托分布或 Burr 分布,当 k 小于某一值 $\kappa_2(\kappa_2 \leqslant n/2)$ 时,$H(k)$ 和 k 近似有线性关系。这表明在式(3.9)中,β 近似等于 α。因此对于一般的厚尾分布,稳定区域可以通过一条直线来进行拟和。

　　然而当 k 较小的时候,由于数据可能发生极端变动,$H(k)$ 的波动会比较大。Reiss and Thomas (2001)选择由不稳定区域到稳定区域的转折点作为最优的阈值,Loretan and Phillips (1994)通过模拟仿真的方法指出阈值的选择不应使尾部样本数目超过总样本规模的 10%。

　　通过以上文献分析,我们可以得到如下结论:令 $\kappa_1 = [n/10]$,$\kappa_2 = [n/2]$,则当 $\kappa_1 \leqslant k \leqslant \kappa_2$ 时,$H(k)$ 处于稳定区域,并且此时 $H(k)$ 和 k 之间近似有线性关系。故我们可以通过下述线性模型得到 Hill 图稳定区域的拟和直线:

$$H(k) = \beta_0 + \beta_1 k + \varepsilon(k), \quad \kappa_1 \leqslant k \leqslant \kappa_2 \tag{3.11}$$

或

$$H = Z\beta + \varepsilon \tag{3.12}$$

其中 Z 为以下 $(\kappa_2 - \kappa_1 + 1) \times 2$ 维矩阵

$$Z = \begin{pmatrix} 1 & \kappa_1 \\ 1 & \kappa_1 + 1 \\ \vdots & \vdots \\ 1 & \kappa_2 \end{pmatrix} \tag{3.13}$$

由式(3.10)可知 $\varepsilon(k)$ 不具有条件同方差,故由式(3.10),令 $(\kappa_2 - \kappa_1 +$

$1) \times (\kappa_2 - \kappa_1 + 1)$维权重矩阵 W 为

$$W = \begin{pmatrix} \sqrt{\kappa_1} & 0 & \cdots & 0 \\ 0 & \sqrt{\kappa_1 + 1} & \cdots & 0 \\ \vdots & \vdots & \ddots & \vdots \\ 0 & 0 & \cdots & \sqrt{\kappa_2} \end{pmatrix} \tag{3.14}$$

故此时 β 的加权最小二乘估计为

$$\hat{\beta}_{WLS} = (Z'W'WZ)^{-1}Z'W'WH \tag{3.15}$$

(二) 寻找 Hill 图稳定区域的起点

在确定了 Hill 图稳定区域的拟和曲线之后,通过判断尾部指数 $H(k)$ 与拟和直线之间的偏离程度就可以确定稳定区域的起点。具体步骤如下:

(1) 计算 Hill 图与拟和曲线之间偏离幅度,即令 $e(k) = H(k) - (\hat{\beta}_0 + \hat{\beta}_1 k)$,其中 $1 \leqslant k \leqslant \kappa_2$。显然 $e(k)$ 在稳定区域同拟和曲线的偏离幅度会比较小,而在非稳定区域偏离会比较大。

(2) 我们用 $e(k)$ 在稳定区域的样本标准差来代表 Hill 图与拟和曲线在稳定区域的平均偏离幅度:

$$\hat{s} = \sqrt{\frac{1}{\kappa_2 - \kappa_1} \sum_{k=\kappa_1}^{\kappa_2} e(k)^2} \tag{3.16}$$

(3) 在不稳定区域,Hill 图同拟和曲线的偏离幅度会比较大。由于 $\hat{s}$ 代表 Hill 图在稳定区域同拟和曲线的平均偏离幅度,故我们在 $1 \leqslant k \leqslant \kappa_1$ 区间选择最后一个超过 $\lambda \hat{s}$ 的点作为阈值点,其中 λ 为一个正的常数因子,反映了一定的置信水平。即令

$$k^* = \max\{k \mid e(k) \geqslant \lambda \hat{s}, 1 \leqslant k \leqslant \kappa_1\} \tag{3.17}$$

在本章我们令 $\lambda = 1.96$,相当于正态分布下 95% 的概率置信水平。此时阈值可通过下式计算得到:

$$\mu = X_{(n-k^*)} \tag{3.18}$$

3.3.2　ξ 和 σ 的参数估计

在得到阈值 μ 的基础上,参数 ξ 和 σ 的估计值可以采用极大似然

估计法求出。设 Y 服从广义帕累托分布,由式(3.5)和式(3.6)可得 Y 的概率密度函数为:

$$f(y) = \frac{1}{\sigma}\left(1 + \xi\frac{y}{\sigma}\right)^{-\frac{1}{\xi}-1} \tag{3.19}$$

因此,若随机变量 X 尾部服从广义帕累托分布时,在得到 $\{x_i\}_{i=1}^n$ 的实际观测序列以及求得阈值 μ 以后,令 $\{y_1,\cdots,y_m\} = \{x_i - \mu \mid x_i > \mu, i=1,\cdots,n\}$,由式(3.19)可得似然函数为

$$L(\xi,\sigma \mid y_i, i=1,\cdots,m) = -m\ln\sigma - \left(\frac{1}{\xi}+1\right)\sum_{i=1}^m \ln\left(1+\frac{\xi}{\sigma}y_i\right)$$

$$\tag{3.20}$$

通过极大化该似然函数,我们便可求出参数 ξ 和 σ 的极大似然估计值。

3.4 POT 模型下的期货保证金模型

3.4.1 POT 模型下 VaR 和 CVaR 的计算公式

某一资产的 VaR 指在某一给定概率置信度下该资产未来某一段时间内的最大可能损失。VaR 风险测度具有概念简单直观的优点,但是它仅仅刻画了损失的概率,而忽视了损失的大小。并且由于它不满足次可加性,因此不是一致风险测度。CVaR 是一种一致风险测度,并且它既考虑了损失的概率,同时也度量了损失的大小。当价格变动幅度属于小概率事件时,价格极有可能发生极端变动。由于小概率发生的事件往往是那些极端事件,因而采用 VaR 作为风险测度可能会低估风险。

为了求得某一较高概率置信水平下的 VaR 和 CVaR 值,我们首先需要求得随机变量 X 在尾部的分布表达式。在式(3.4)中,我们用式(3.6)的 $G_{\xi,\sigma}(x)$ 来代替 F_μ,用 $(N-N_\mu)/N$ 作为 $F(\mu)$ 的估计,其中 N 为总观测数,N_μ 为超过阈值 μ 的观测数。则当 $\xi \neq 0$ 时,我们可以得到 F 在分布尾部的表达式为

$$F(x) = 1 - \frac{N_\mu}{N}\left(1 + \xi\frac{x - \mu}{\sigma}\right)^{-1/\xi}, x > \mu \qquad (3.21)$$

为计算在较高概率水平 p 下 X 的 VaR 值，在式（3.21）中我们令 $F(x) = p$，即

$$1 - \frac{N_\mu}{N}\left(1 + \xi\frac{q_p - \mu}{\sigma}\right)^{-1/\xi} = p$$

则我们可以求得 p 概率水平下的 VaR 值为

$$\text{VaR}_p(X) = q_p = \mu + \frac{\sigma}{\xi}\left[\left(\frac{N}{N_\mu}(1 - p)\right)^{-\xi} - 1\right] \qquad (3.22)$$

为计算在 p 概率水平下损失 X 的 CVaR 值，令 $Y = X - \mu$，$q_p = \text{VaR}_p(X)$，则由 CVaR 的定义可知

$$\begin{aligned}\text{CVaR}_p(X) &= E(X \mid X > q_p) \\ &= E(Y + \mu \mid Y > q_p - \mu) \\ &= E[Y - (q_p - \mu) \mid Y > q_p - \mu] + q_p \end{aligned} \qquad (3.23)$$

Davison and Smith (1990)指出若 Y 服从广义帕累托分布，则当 $\xi < 1$ 且 $u > 0$ 时，我们有

$$e(u) = E(Y - u \mid Y > u) = \frac{\sigma + \xi u}{1 - \xi} \qquad (3.24)$$

由式（3.23）和式（3.24）我们有

$$\text{CVaR}_p(X) = \frac{\sigma + \xi \cdot (q_p - \mu)}{1 - \xi} + q_p \qquad (3.25)$$

将 μ, ξ 和 σ 的参数估计值代入式和式，我们就可以得到在 p 概率水平下的 VaR 和 CVaR 的估计值。

3.4.2　VaR 模型的回测检验

Kupiec（1995）将实际损失超过设定 VaR 的情形看作是服从一个二项分布的独立事件，并据此给出了静态 VaR 回测检验的检验方法。假定计算 VaR 时的置信水平为 p，因此 VaR 无法覆盖实际损失的期望概率为 $p_2 = 1 - p$。若检验天数为 T，实际损失超过 VaR 的天数为

N，则 VaR 无法覆盖实际损失的概率为 $p_1 = N/T$。零假设为 $p_1 = p_2$，这样对 VaR 模型准确性的评估就转化为检验实际失败频率 p_1 是否显著不同于期望概率 p_2。Kupic 提出了上述零假设的似然比 LR 检验

$$LR = -2\ln[(1-p_2)^{T-N}p_2^N] + 2\ln[(1-p_1)^{T-N}p_1^N] \quad (3.26)$$

在零假设成立的条件下，统计量 LR 服从自由度为 1 的 χ^2 分布，它的 95% 置信区间的临界值为 3.84。因此，如果 $LR > 3.84$，我们可以拒绝零假设。

3.5 基于伦敦铜期货和上海铜期货的实证研究

3.5.1 数据

本节采用的是伦敦金属交易所（London Metal Exchange，LME）交易的铜连续三月合约和上海期货交易所（SHFE）交易的铜连续三月合约，自 1999 年 1 月 4 日至 2019 年 12 月 31 日的日收盘价格数据。伦敦金属交易所价格铜期货价格数据来源于 Datastream 数据库，上海期货交易所铜期货价格数据来源于 CSMAR 数据库。同国内上海期货交易所的铜合约按月设置不同，LME 在 3 个月以内的铜合约是按天设置的。LME 的核心合约也是交易最活跃的合约是三月合约，其他所有期货合约都只进行升贴水报价交易。由于每天都有新的三月合约，而老的合约不断临近并到期，所以 LME 市场每个工作日都是交割日。

定义铜期货的对数收益率为 $x_t = \ln(S_t) - \ln(S_{t-1})$，其中 S_t 为伦敦铜三月合约在第 t 日的收盘价，表 3-1 给出了收益率序列的统计信息，其中表中各主要统计指标的定义为：

收益率均值定义为 $\hat{\mu} = \frac{1}{T}\sum_{t=1}^{T} x_t$，其中 T 为样本数。

收益率标准差 $\hat{\sigma} = \sqrt{\frac{1}{T-1}\sum_{t=1}^{T}(x_t - \hat{\mu})^2}$。

收益率偏度系数为 $Sk = \dfrac{1}{T\hat{\sigma}^3}\sum\limits_{t=1}^{T}(x_t - \hat{\mu})^3$，若总体服从正态分布，则样本偏度系数应接近于 0。

收益率峰度系数 $Ku = \dfrac{1}{T\hat{\sigma}^4}\sum\limits_{t=1}^{T}(x_t - \hat{\mu})^4$，若总体服从正态分布，则样本峰度系数应接近 3。

Jarque-Bera 检验是由 Jarque and Bera（1987）提出的用来检验总体是否服从正态分布的检验方法。Jarque-Bera 统计量基于样本偏度和峰度，其定义为

$$JB = \frac{T}{6}Sk^2 + \frac{T}{24}(Ku - 3)^2$$

当总体服从正态分布时，JB 统计量渐近服从自由度为 2 的 χ^2 分布。而从表中数据可以看到，Jarque-Bera 检验拒绝伦敦铜和上海铜三月合约的对数收益率服从正态分布的原假设。

表 3-1　伦敦铜和上海铜三月合约对数收益率统计信息

	样本数	均值	标准差	最小值	最大值	偏度系数	峰度系数	JB 检验
LME	5476	0.0263	1.5653	−10.4000	11.8800	−0.1088	7.9358	0.0010
SHFE	5102	0.0264	1.4103	−6.5687	6.2914	−0.1964	5.6607	0.0010

图 3-3 的上面板给出了伦敦铜三月合约对数收益率的时间序列，图中虚线代表的是正负 3 倍标准差。按照正态分布假设，铜三月合约对数收益率超过 3 倍标准差的次数不超过 15 次。而实际上我们可以发现实际价格发生极端变动的次数达到 100 次，远远大于正态分布假设下的 15 次。并且当价格变动幅度大于 3 倍标准差，即小概率事件发生时，铜三月合约的价格幅度都很大，因而采用只是度量损失频率而忽视损失大小的 VaR 作为风险测度可能会低估风险。同时由图中我们可以直观的看到价格发生负向变动的频率和幅度都显著大于价格发生

正向变动的频率和幅度,即铜三月合约更容易发生负向的极端价格变动。图 3-3 的下面板给出了上海铜三月合约对数收益率的时间序列,同样,图中虚线代表的是正负 3 倍标准差。经过计算,上海铜三月合约对数收益率超过 3 倍标准差的次数为 87 次,超过正态分布假设下的 15 次。

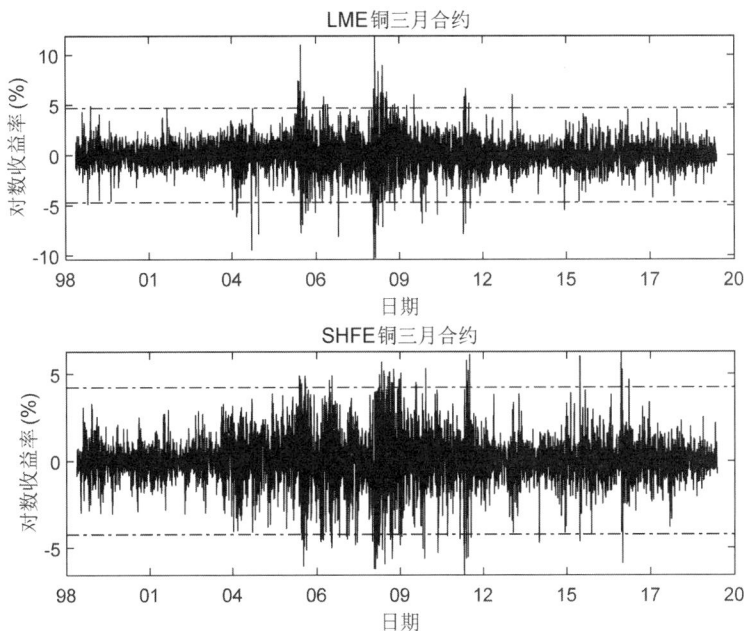

图 3-3 伦敦铜和上海铜三月合约对数收益率时间序列曲线

3.5.2 伦敦铜三月合约期货保证金的设定

我们首先拟和收益率序列的左尾分布。取收益率小于 0 的时间序列,取相反数并排序后代入式(3.7)可得相应的 Hill 统计量,通过加权最小二乘法可以得到稳定区域的拟和直线。$(k,H(k))$关系图即 Hill 图如图 3-4 所示,其中图中的星点表示通过量化的 Hill 图阈值选择模型确定的阈值。从图 3-4 可以看到,该模型确定的阈值能够较准确地捕捉到 Hill 图不稳定区域的起点。采用相同的方法,我们可以得到伦

敦铜三月合约收益率右尾数据和双边数据的 Hill 图，分别如图 3－5 和
图 3－6 所示。由图 3－5 和图 3－6 我们可以看到 Hill 图量化模型确
定的阈值点都能较好地捕捉到稳定区域的起点。

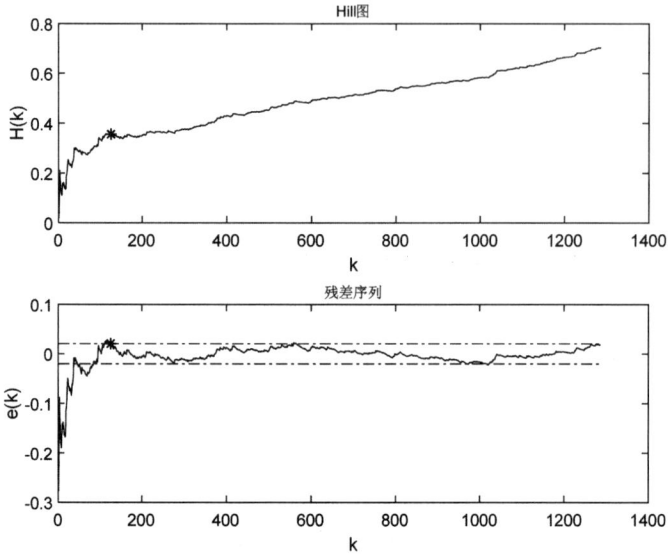

图 3－4　伦敦铜三月合约左尾数据 Hill 图和残差序列

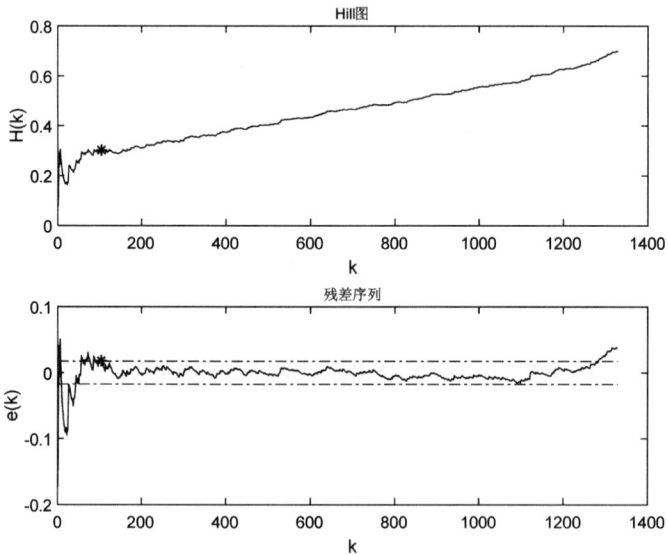

图 3－5　伦敦铜三月合约右尾数据 Hill 图和残差序列

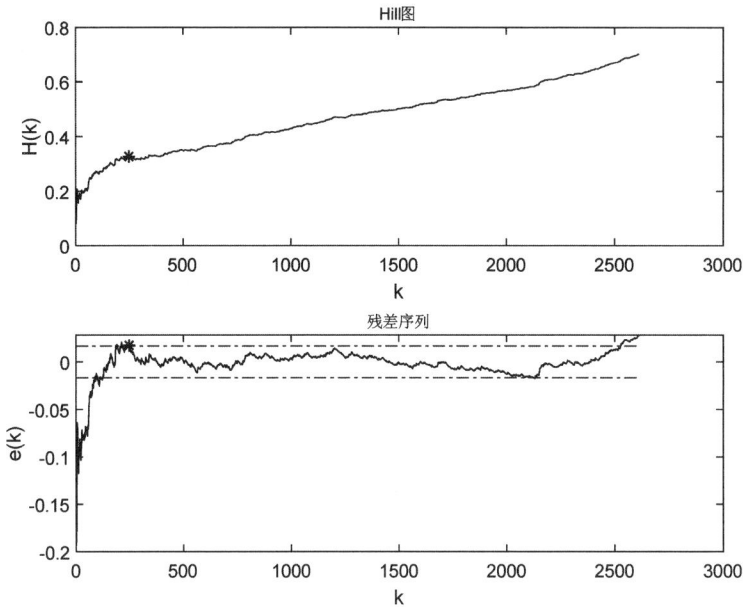

图 3-6　伦敦铜三月合约双边数据 Hill 图和残差序列

在求得阈值以后,极大化式(3.20)的极大似然函数我们可以求得
左尾分布、右尾分布和双边分布的分布参数,各参数估计结果以及 K-
S 拟和优度检验结果整理如表 3-2 所示。由于 K-S 检验显著水平都
较高,因此广义帕累托分布能够很好地拟和经验分布的尾部数据。图
3-7 至图 3-9 直观的给出了尾部经验分布与拟和的广义帕累托分布
的比较图。

表 3-2　伦敦铜三月合约尾部分布的参数估计

	尾部样本数 (N_μ)	阈值(μ)	形状参数(ξ)	尺寸参数(σ)	K-S检验
左尾参数	127	-3.1989	-0.0468	1.6342	0.7798
右尾参数	106	3.4142	0.0587	1.2922	0.8844
双边参数	249	3.2435	0.0296	1.3965	0.9654

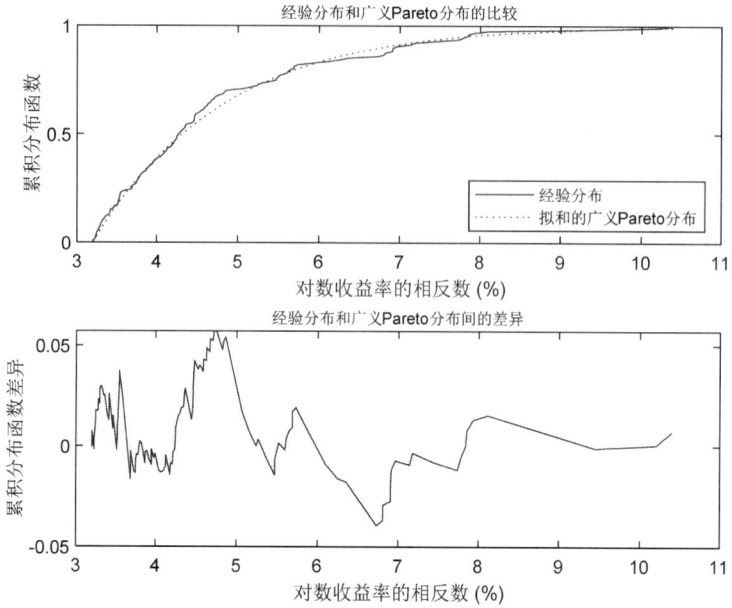

图 3 - 7   伦敦铜三月合约左尾经验分布与拟和的广义帕累托分布比较图

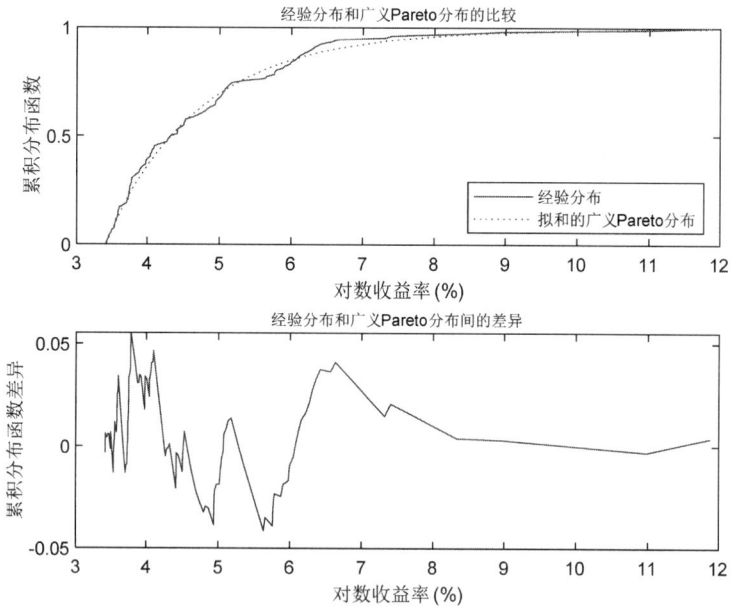

图 3 - 8   伦敦铜三月合约右尾经验分布与拟和的广义帕累托分布比较图

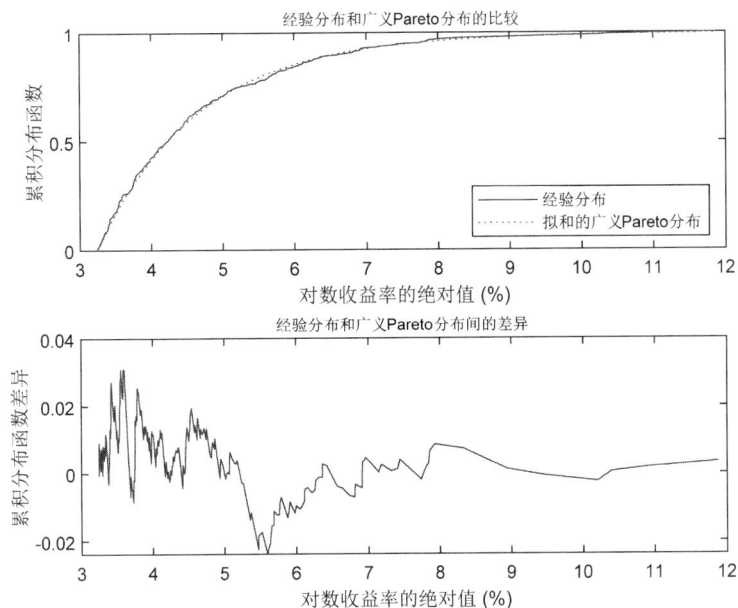

经验分布和广义Pareto分布的比较

经验分布和广义Pareto分布间的差异

图 3 - 9　伦敦铜三月合约双边经验分布与拟和的广义帕累托分布比较图

表 3 - 3 至表 3 - 5 给出了伦敦铜三月合约收益率左尾分布、右尾分布和双边分布在 4 种概率置信水平下的 VaR 值和 CVaR 值，以及相应的 VaR 回测检验结果。通过表中数据可以看到，除了左尾 97% 水平下的 VaR 模型无法通过回测检验以外，其他各个尾部 VaR 模型的 LR 统计量都小于 3.84。特别是当置信水平较高的时候，基于极值理论得到的保证金模型能够对极端尾部风险进行准确的度量。

表 3 - 3　伦敦铜三月合约左尾保证金模型返回检验

概率置信水平(p)	模型覆盖比率	LR 统计量	VaR 估计值	CVaR 估计值
0.97	0.9644	5.5946	2.7757	4.3557
0.99	0.9909	0.4305	4.5469	6.0477
0.995	0.9951	0.0053	5.6184	7.0712
0.997	0.9965	0.3844	6.3861	7.8046

表 3 - 4   伦敦铜三月合约右尾保证金模型返回检验

概率置信水平(p)	模型覆盖比率	LR 统计量	VaR 估计值	CVaR 估计值
0.97	0.9662	2.5908	2.8552	3.5198
0.99	0.9900	0.0011	4.2844	4.1931
0.995	0.9951	0.0053	5.2346	5.7113
0.997	0.9965	0.3844	5.9601	6.7208

表 3 - 5   伦敦铜三月合约双边保证金模型返回检验

概率置信水平(p)	模型覆盖比率	LR 统计量	VaR 估计值	CVaR 估计值
0.97	0.9708	0.1159	3.8279	4.5462
0.99	0.9892	0.3235	5.4067	5.2849
0.995	0.9951	0.0053	6.4296	6.9119
0.997	0.9971	0.0113	7.1970	7.9660

由表 3 - 3 至表 3 - 5 可以看到,不管是 VaR 还是 CVaR,它们都随着置信水平的增加而增加,然而在同一概率置信水平下,CVaR 值比 VaR 值要大很多。这是由于 CVaR 是损失超过 VaR 水平的条件期望,即 CVaR 不但考虑了 VaR 所考虑的损失概率,同时也考虑了损失的大小。同时由表 3 - 3 和表 3 - 4 我们可以看到,当概率置信水平超过 0.99 的时候,在同一概率水平下左尾分布的风险值大于右尾分布的风险值,表明伦敦铜三月合约价格更可能发生向下的极端变动。

以 2007 年初 LME 铜期货的保证金为例。2007 年初 LME 三月铜期货价格大约在每吨 6000 美元左右波动,例如在 2007 年 3 月 23 日,LME 的 A 级三月铜合约的结算价格为每吨 6790 美元。根据 LCH 清算公司的规定,自 2007 年 2 月 14 日开始,铜合约的初始保证金为每吨 550 美元,故 LME 期铜合约保证金按比例计算大约是 8.1%。由上述表格可知,该比例对应本章模型 99.7%置信水平下的双边 CVaR 值。Cotter and Dowd(2006)指出,为了控制期货投资者可能产生的较大交易损失以及相应的违约风险,交易所一般会设置较高的置信水平。为了降低对市场的干涉程度,LME 没有设置涨跌停板制度,由本章模型可以看到 LME 铜保证金可以以较高的置信水平覆盖期货投资者的损失。

3.5.3 上海铜三月合约期货保证金的设定

我们首先拟和收益率序列的左尾分布。取上海铜三月期货合约收益率小于 0 的时间序列,求相反数并排序后代入式(3.7)可得相应的 Hill 统计量,通过加权最小二乘法可以得到稳定区域的拟和直线。$(k,H(k))$ 关系图即 Hill 图如图 3 - 10 所示,其中图中的星点表示通过量化的 Hill 图阈值选择模型确定的阈值。从图 3 - 10 可以看到,该模型确定的阈值能够较准确地捕捉到 Hill 图不稳定区域的起点。采用相同的方法,我们可以得到上海铜三月合约收益率右尾数据和双边数据的 Hill 图,分别如图 3 - 11 和图 3 - 12 所示。

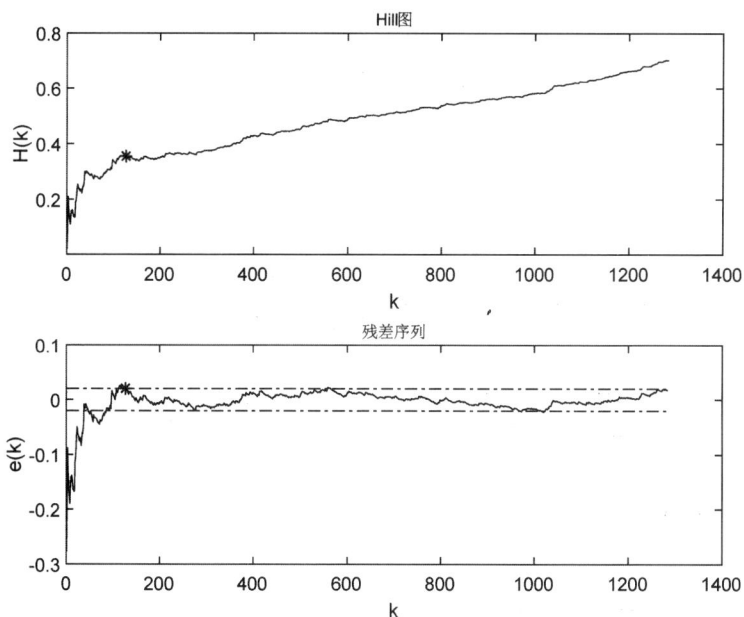

图 3 - 10 上海铜三月合约左尾数据 Hill 图和残差序列

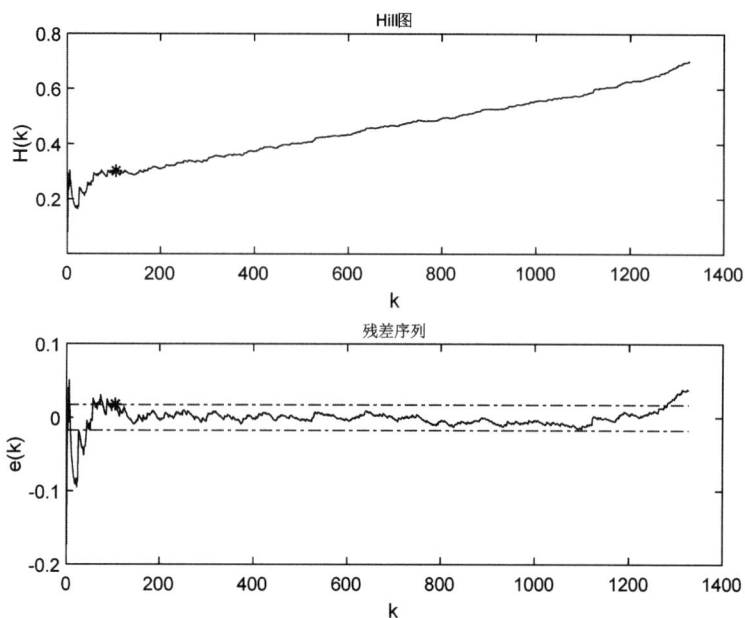

图 3 - 11　上海铜三月合约右尾数据 Hill 图和残差序列

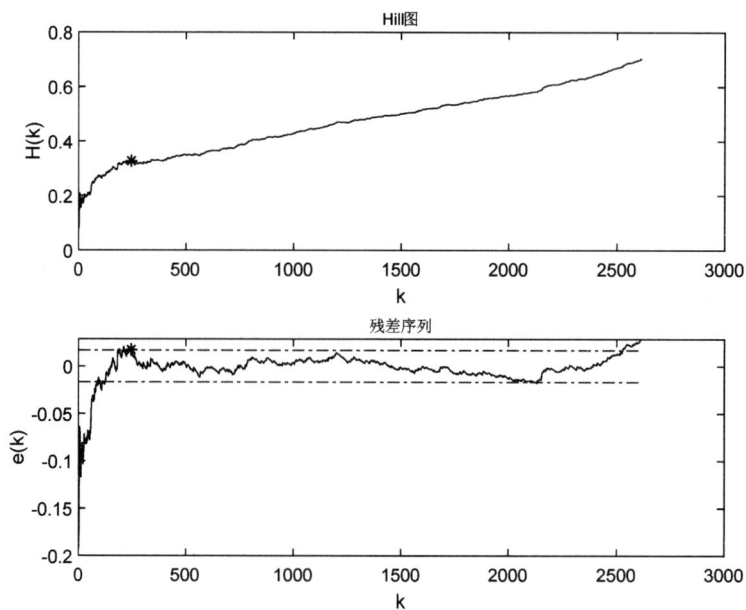

图 3 - 12　上海铜三月合约双边数据 Hill 图和残差序列

在求得阈值以后,极大化式(3.20)的极大似然函数我们可以求得左尾分布、右尾分布和双边分布的分布参数,各参数估计结果以及 K-S拟和优度检验结果整理如表3-6所示。由于K-S检验显著水平都较高,因此广义帕累托分布能够很好地拟和收益率的尾部分布。图3-13至图3-15直观地给出了尾部经验分布与拟和的广义帕累托分布的比较图。

表3-6 上海铜三月合约尾部分布的参数估计

	尾部样本数 N_μ	阈值 μ	形状参数 ξ	尺寸参数 σ	K-S检验
左尾参数	243	-2.3921	-0.3419	1.6023	0.7996
右尾参数	258	2.3144	-0.1919	1.1692	0.7484
双边参数	501	2.3337	-0.2773	1.4109	0.3722

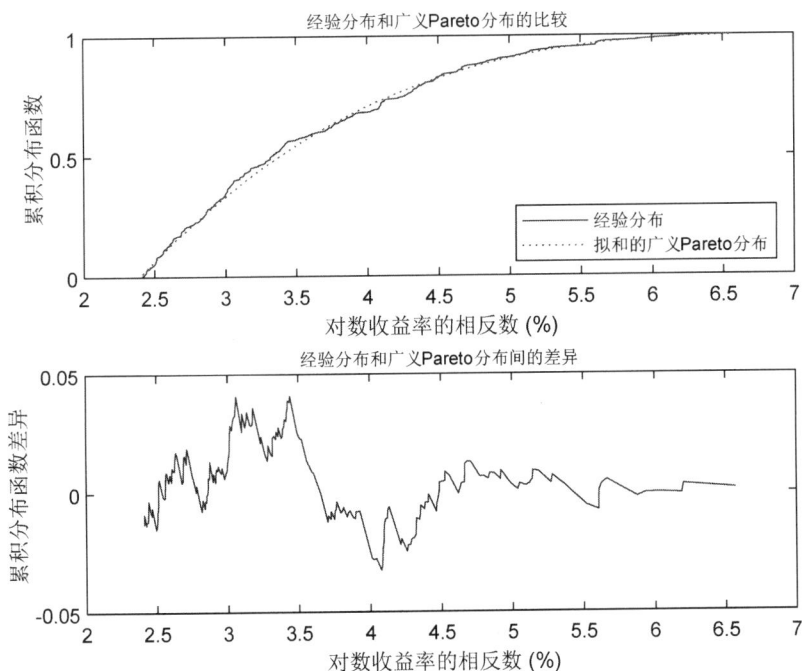

图3-13 上海铜三月合约左尾经验分布与拟和的广义帕累托分布比较图

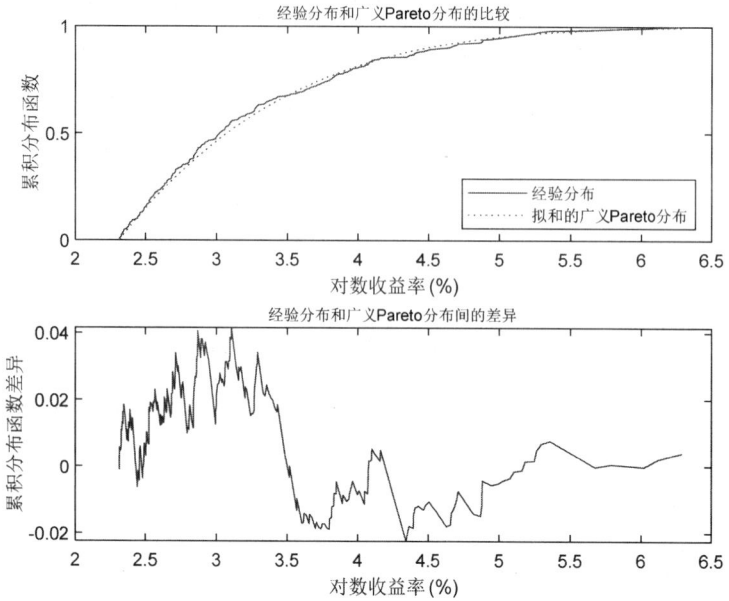

图 3 - 14　上海铜三月合约右尾经验分布与拟和的广义帕累托分布比较图

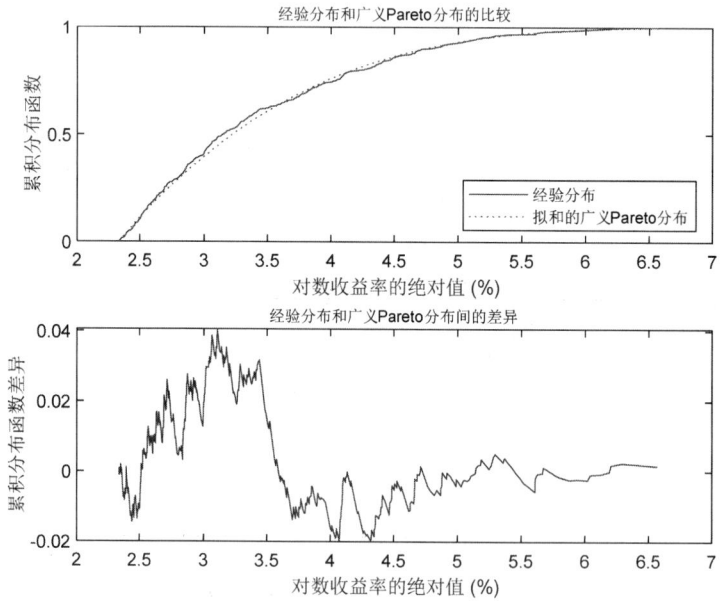

图 3 - 15　上海铜三月合约双边经验分布与拟和的广义帕累托分布比较图

　　表 3-7 至表 3-9 给出了上海铜三月合约收益率左尾分布、右尾分布和双边分布在 4 种概率置信水平下的 VaR 值和 CVaR 值,以及相应的 VaR 回测检验结果。通过表中数据可以看到,各个尾部 VaR 模型的 LR 统计量都小于 3.84,因此各个 VaR 模型都能对相应的尾部进行准确的刻画。

　　由表 3-7 至表 3-9 可以看到,不管是 VaR 还是 CVaR,它们都随着置信水平的增加而增加,并且在同一概率置信水平下,CVaR 值要大于 VaR 值。同时由表 3-7 和表 3-8 我们可以看到,在同一概率水平下左尾分布的风险值大于右尾分布的风险值。

表 3-7　上海铜三月合约左尾保证金模型返回检验

概率置信水平(p)	模型覆盖比率	LR 统计量	VaR 估计值	CVaR 估计值
0.97	0.9716	0.4452	3.0771	4.0967
0.99	0.9894	0.1725	4.3302	5.0305
0.995	0.9951	0.0103	4.9101	5.4627
0.997	0.9971	0.0062	5.2577	5.7218

表 3-8　上海铜三月合约右尾保证金模型返回检验

概率置信水平(p)	模型覆盖比率	LR 统计量	VaR 估计值	CVaR 估计值
0.97	0.9718	0.5638	2.8953	3.7827
0.99	0.9894	0.1725	3.9430	4.6617
0.995	0.9943	0.4595	4.4990	5.1282
0.997	0.9961	1.3158	4.8639	5.4343

表 3 - 9　上海铜三月合约双边保证金模型返回检验

概率置信水平(p)	模型覆盖比率	LR 统计量	VaR 估计值	CVaR 估计值
0.97	0.9688	0.2347	3.7595	4.5546
0.99	0.9900	0.0000	4.7213	5.3075
0.995	0.9953	0.0916	5.1935	5.6772
0.997	0.9967	0.1815	5.4878	5.9076

上海期货交易所铜期货保证金水平为 5％,对应于 99％置信水平下的双边 CVaR。上海期货交易所施行 3％的涨跌停板制度,5％的保证金水平能够以较高的置信水平覆盖期货价格的不利变动。

3.6　小结

期货交易是一种杠杆交易,交易中蕴含着巨大的风险。而期货保证金是期货交易所控制投资者风险暴露,保证期货市场健康稳健发展的重要手段。较高的保证金水平有利于降低投资者的违约风险,但同时也会导致投资者的交易成本增加,市场流动性降低,从而降低投资者参与期货投资的意愿。设计合理的保证金水平,对期货市场健康发展具有重要作用。

本章基于审慎性原则,通过统计学的方法设定保证金水平,使之能一定程度上覆盖期货投资者的风险损失。由于期货交易所最为关注的是极端市场变动情况下期货投资者的风险暴露情况,因而本章我们采用 POT 模型来拟和数据的尾部分布,采用 VaR 和 CVaR 作为风险测度并建立相应的保证金模型。在 POT 模型中,阈值是一个关键的参数。我们在 Hill 图法的基础上,提出了一种量化的阈值选择方法。这种方法可以充分利用样本信息,从而克服了二次子样试算法需要较大样本量的不足。

我们以伦敦金属交易所和上海期货交易所三月铜期货合约为例,

讨论如何采用极值理论设定保证金。对于相同的置信水平，左尾的
VaR 或 CVaR 要高于右尾的 VaR 或 CVaR。通过比较交易所实际的
保证金水平和本章模型得到的保证金水平，我们发现交易所设置的保
证金水平能够以较高的置信水平覆盖可能发生的不利价格变动。

4 非对称跳跃分布下的动态最优投资组合

4.1 引言

在突发事件的影响下,资产价格会发生极端的跳跃变动,跳跃风险是影响投资者投资组合配置的一个非常重要的因素。Merton (1971)最早研究了资产价格服从扩散跳跃过程时投资者的最优消费投资策略。他发现同资产价格不存在跳跃相比,在资产价格存在跳跃假设下投资者会减少风险资产的投资。Liu et al. (2003)进一步研究了当资产收益和资产波动率均具有跳跃成分时的最优动态投资策略。他们发现,面临跳跃风险的投资者不愿意承担风险资产的杠杆化头寸。Ait-Sahalia et al. (2009)求解了存在跳跃风险的消费投资选择问题,并给出了封闭形式的解。

在以往相关文献中,对事件风险的建模主要基于 Merton (1971)的跳跃扩散模型,即假设资产价格的跳跃幅度服从对数正态分布。Kaeck (2013)指出,对数正态跳跃扩散模型会赋予零跳跃幅度很高的概率,这将低估发生极端利好或者利空事件的可能性。Kou and Wang (2004)提出利用双指数分布对跳跃建模,即跳跃分布由向上跳跃概率、向上跳跃平均幅度和向下跳跃平均幅度 3 个参数决定。由于跳跃幅度在不同方向上是不对称的,所以双指数分布可以区分好消息和坏消息对资产价格的不同影响。Ramezani and Zeng (2007)和 Kaeck (2013)基于美国市场的研究发现,美国市场股票收益率的跳跃分布是非对称的,即坏消息对资产价格的负向冲击要显著大于好消息对资产价格的正向冲击。Ramezani and Zeng (2007)和 Kaeck (2013)指出,允许非对称跳跃分布的双指数跳跃扩散模型可以改进资产收益率尾部分布的拟合效果,比对数正态分布跳跃扩散模型能更好地拟合股票收益率序列。

本章基于 Kou and Wang(2004)的双指数跳跃扩散模型,研究资产收益率跳跃的非对称性对投资者最优资产组合的影响。在资产收益率存在跳跃成分的情况下,投资者可能会遭受巨大损失,甚至因高杠杆头寸而破产。因此,在求解优化问题时,我们引入卖空和融资约束,并给出了最优解存在的充分条件。理论研究表明,最优风险资产权重是向上跳跃概率和向上跳跃平均幅度的增函数,是向下跳跃平均幅度的减函数。

基于中国上证指数的实证结果表明:①我国股指收益率的跳跃分布是非对称的,考虑非对称跳跃分布的双指数跳跃扩散模型比对数正态跳跃扩散模型能更好地拟合指数收益率。同时,向下跳跃平均幅度显著大于向上跳跃平均幅度,表明坏消息对资产价格的负向冲击显著大于好消息对资产价格的正向冲击,该结果与 Ramezani and Zeng(2007)和 Kaeck(2013)基于美国市场的研究结果一致。②通过数值实验,我们发现风险资产的最优权重随着向上跳跃概率的增加而增加,这与我们的理论预测是一致的。同时,投资者的风险厌恶程度越低,他对向上跳跃概率的参数不确定性越敏感。这是因为风险厌恶程度较低的投资者投资于风险资产的权重也会较高,因而准确地刻画风险资产价格的分布对于低风险厌恶的投资者更为重要。③当跳跃分布变得更加不对称时,即向上跳跃概率(平均幅度)同向下跳跃概率(平均幅度)的偏离程度越大,忽略非对称跳跃分布而导致的经济成本就越高。特别地,更加左偏的跳跃分布会导致投资者付出更多的经济成本。

本章的其余部分安排如下。第二节介绍了双指数跳跃扩散模型下的动态投资组合模型。第三节给出了数值结果,第四节对本章进行了总结。

4.2   非对称跳跃分布下的最优资产配置

鉴于双指数分布能较好地刻画跳跃的非对称性,本节引入双指数分布来刻画风险资产价格的跳跃分布,在此基础上求解动态资产配置问题。

4.2.1   双指数跳跃扩散模型

令 S_t 表示 t 时刻风险资产的价格,其动态过程可以表示为

$$\frac{\mathrm{d}S_t}{S_{t-}}=\mu\mathrm{d}t+\sigma\mathrm{d}B_t+(J-1)\mathrm{d}N(\lambda) \tag{4.1}$$

其中 μ 为漂移率,σ 为波动率,B_t 为标准布朗运动。跳跃事件的到达服从泊松过程 $N(\lambda)$,其中 λ 代表跳跃事件的到达频率。即当 Δt 足够小的时候,在 $(t,t+\Delta t)$ 时间内,发生一次跳跃事件的概率为 $\lambda\Delta t$。$\widetilde{J}=J-1$ 代表事件发生时资产收益率的跳跃幅度。

令 $R_t=\ln(S_t)$ 代表资产价格的对数,则由 Ito 公式得

$$\mathrm{d}R_t=(\mu-0.5\sigma^2)\mathrm{d}t+\sigma\mathrm{d}B_t+Y\mathrm{d}N(\lambda) \tag{4.2}$$

其中 $Y=\ln(J)$。在 Merton (1976)所提出的对数正态跳跃扩散模型中,资产价格的跳跃幅度 J 假设服从对数正态分布,所以 Y 服从正态分布。为了区分好消息和坏消息对资产价格跳跃对非对称影响,刻画资产收益跳跃分布的非对称性,Kaeck (2013)设定 Y 服从以下双指数分布:

$$f(y)=p\frac{1}{\beta_u}e^{-\frac{y}{\beta_u}}1_{\{y\geqslant0\}}+(1-p)\frac{1}{\beta_d}e^{\frac{1}{\beta_d}y}1_{\{y<0\}}$$

$$\tag{4.3}$$

其中 p 为事件发生时资产价格正向跳跃的概率,β_u 和 β_d 为大于 0 的比例参数,分别表示资产收益正向跳跃和负向跳跃的平均幅度。

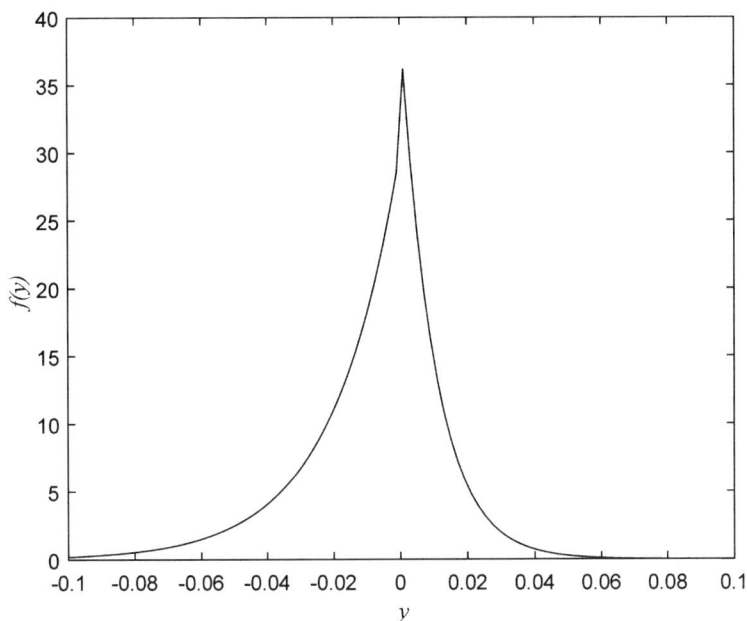

图 4 - 1 双指数分布概率密度函数

图 4 - 1 给出了双指数分布的概率密度函数图,其中向上跳跃概率 p 设为 0.4,向上和向下平均跳跃幅度 β_u 和 β_d 分别设置为 0.01 和 0.02。可以看到,同正态分布不同,双指数分布是非对称的,可以刻画不同类型消息对资产价格的非对称影响。因而,与对数正态跳跃扩散模型相比,双指数跳跃扩散模型允许资产收益可以非对称得跳跃(偏度)和剧烈得跳跃(峰度)(Tsay,2002)。

此外,Ramezani and Zeng(2007)指出,如果 Y 服从双指数分布,那么资产价格对数 R_t 的动态过程可以等价地写作

$$dR_t = (\mu - 0.5\sigma^2)dt + \sigma dB_t + Y_u dN(\lambda_u) - Y_d dN(\lambda_d) \quad (4.4)$$

其中 Y_u 和 Y_d 服从指数分布,比例参数分别为 β_u 和 β_d,向上跳跃的概率和向下跳跃的概率分别为 $\lambda_u = p\lambda$ 和 $\lambda_u = (1-p)\lambda$。因此,好消息和坏消息可以具有不同的到达频率,对资产价格造成不同程度的影响,即不同的平均跳跃幅度。我们按照 Ramezani and Zeng(2007)的方法,

采用最大似然估计法对模型进行估计。

4.2.2 非对称跳跃分布下的动态投资组合问题

我们假设风险厌恶的投资者目标是最大化期末财富的期望效用函数：

$$\max E_0\left[u(W_T)\right] \tag{4.5}$$

其中 W_T 代表投资者期末财富。假设投资者具有以下幂效用函数：

$$u(W_T)=\frac{W_T^{1-\gamma}}{1-\gamma} \tag{4.6}$$

其中 γ 是相对风险厌恶系数。令 α_t 代表 t 时刻的风险资产比例，剩余的财富以利率 r 投资于无风险资产。令 $\delta=\mu-r$ 代表风险资产的超额收益，则财富的动态变化过程可表示为：

$$dW_t=W_t(r+\alpha_t\delta)dt+W_t\alpha_t\sigma dB_t+W_t\alpha_t\tilde{J}dN(\lambda) \tag{4.7}$$

定义值函数为：

$$V(W,t)=\sup_{\{\alpha_t\}}E_t\left[U(W_T)\right] \tag{4.8}$$

则可得到 HJB 方程：

$$0=\sup_{\{\alpha\}}\{V_t+V_WW\left[(r+\alpha_t\delta)\right]+\frac{1}{2}V_{WW}W^2\alpha_t^2\sigma^2$$

$$+\lambda\left[EV(W+W\alpha_t\tilde{J},t)-EV(W,r,t-)\right] \tag{4.9}$$

其中终端条件为

$$V(W,T)=\frac{W^{1-\gamma}}{1-\gamma} \tag{4.10}$$

借鉴 Liu（2007）的做法，我们猜测值函数具有以下形式：

$$V(W,t)=\frac{W^{1-\gamma}}{1-\gamma}A(t) \tag{4.11}$$

其中 $A(t)$ 为 t 的函数。将式（4.11）代入式（4.9）可得：

$$0=\sup_{\{\alpha_t\}}\{A'(t)+(1-\gamma)A(t)\left(r+\alpha_t\delta-\frac{1}{2}\gamma\alpha_t^2\sigma^2\right)+\lambda A(t)\left[E((1+\alpha_t\tilde{J})^{1-\gamma})-1\right]$$

$$\tag{4.12}$$

由一阶条件,我们可以得到最优风险资产权重 α_t^* 满足以下方程

$$\delta-\gamma\alpha_t^*\sigma^2+\lambda E\left[(1+\alpha_t^*\tilde{J})^{-\gamma}\tilde{J}\right]=0 \tag{4.13}$$

由于式(4.13)不依赖于投资期限 T,因此求解得到的最优策略是短视策略,即多期最优投资组合权重等于单期的最优投资组合权重。为了避免投资者在多期投资的时候发生破产,我们假设投资者不允许卖空或借入资金,即 $0\leqslant\alpha_t^*\leqslant1$。

我们首先关注的问题是在卖空和融资约束下,问题(4.13)存在解的条件。首先,我们可以证明以下三个引理。

引理 4.1 假设 $0<\beta_u<1$,如果最优风险资产权重 $\alpha_t^*=0$,那么向上跳跃概率 p_u 满足

$$p_u=p^L \tag{4.14}$$

其中

$$p^L=\frac{(1-\beta_u)(\lambda\beta_d-\delta\beta_d-\delta)}{\lambda(\beta_u+\beta_d)}$$

证明:由式(4.13),当最优风险资产权重 $\alpha_t^*=0$ 时,我们有

$$\delta+\lambda E[\tilde{J}]=0$$

或

$$\delta+\lambda\left[\frac{p_u}{\beta_u}\int_0^\infty(e^y-1)e^{-\frac{y}{\beta_u}}\mathrm{d}y+\frac{1-p_u}{\beta_d}\int_{-\infty}^0(e^y-1)e^{\frac{y}{\beta_d}}\mathrm{d}y\right]=0.$$

若 $0<\beta_u<1$,则上式可以写作

$$p_u\frac{\beta_u}{1-\beta_u}-(1-p_u)\frac{\beta_d}{1+\beta_d}+\frac{\delta}{\lambda}=0.$$

求解上述方程我们可以解得 p_u 满足的表达式。

引理 4.2 假设 $\beta_u(1-\gamma)<1$ 且 $0<\beta_d\gamma<1$。如果最优风险资产权重 $\alpha_t^*=1$,那么向上跳跃概率 p_u 满足

$$p_u=p^H \tag{4.15}$$

其中

$$p^H=\frac{(1+\beta_u\gamma)(1+\beta_u\gamma-\beta_u)[\lambda\beta_d-(\delta-\gamma\sigma^2)(\beta_d\gamma-1)(\beta_d\gamma-1-\beta_d)]}{\lambda(\beta_u+\beta_d)(\beta_u\beta_d\gamma^2-\beta_u\beta_d\gamma+1)}.$$

证明：由式(4.13)，当最优风险资产权重 $\alpha_t^* = 1$，我们有

$$\delta - \gamma \sigma^2 + \lambda E[(1 + \tilde{J})^{-\gamma} \tilde{J}] = 0 \qquad (4.16)$$

在双指数跳跃扩散模型下，$E[(1 + \tilde{J})^{-\gamma} \tilde{J}]$ 可以写作

$$\begin{aligned}
E[(1 + \tilde{J})^{-\gamma} \tilde{J}] &= \frac{p_u}{\beta_u} \int_0^\infty e^{-\gamma y}(e^y - 1) e^{-\frac{y}{\beta_u}} \, \mathrm{d}y \\
&\quad + \frac{1 - p_u}{\beta_d} \int_{-\infty}^0 e^{-\gamma y}(e^y - 1) e^{\frac{y}{\beta_d}} \, \mathrm{d}y \\
&= \frac{p_u \beta_u}{(1 + \beta_u \gamma)(1 + \beta_u \gamma - \beta_u)} \\
&\quad - \frac{(1 - p_u)\beta_d}{(\beta_d \gamma - 1)(\beta_d \gamma - 1 - \beta_d)}.
\end{aligned}$$

将上式代入式(4.16)，经过计算我们可以证明本引理。

引理 4.3　在引理 4.1 和引理 4.2 相同的假设条件下，如果式 (4.13) 的最优解 α_t^* 满足 $\alpha_t^* \in [0, 1]$，那么 α_t^* 是向上跳跃参数 p_u 的单调增函数。

证明：令 $F(\alpha_t^*, p_u, \beta_u, \beta_d, \gamma) = E[(1 + \alpha_t^* \tilde{J})^{-\gamma} \tilde{J}]$。由式(4.3)，$F(\alpha_t^*, p_u, \beta_u, \beta_d)$ 可以写作

$$\begin{aligned}
F(\alpha_t^*, p_u, \beta_u, \beta_d) &= \frac{p_u}{\beta_u} \int_0^\infty \frac{(e^y - 1) e^{-\frac{y}{\beta_u}}}{[1 + \alpha_t^*(e^y - 1)]^\gamma} \, \mathrm{d}y \\
&\quad + \frac{1 - p_u}{\beta_d} \int_{-\infty}^0 \frac{(e^y - 1) e^{\frac{y}{\beta_d}}}{[1 + \alpha_t^*(e^y - 1)]^\gamma} \, \mathrm{d}y.
\end{aligned}$$

让 $F(\alpha_t^*, p_u, \beta_u, \beta_d)$ 分别对 α_t^* 和 p_u 求偏导数，我们有

$$\begin{aligned}
\frac{\partial F(\alpha_t^*, p_u, \beta_u, \beta_d)}{\partial \alpha_t^*} &= -\gamma \frac{p_u}{\beta_u} \int_0^\infty \frac{(e^y - 1)^2 e^{-\frac{y}{\beta_u}}}{[1 + \alpha_t^*(e^y - 1)]^{\gamma+1}} \, \mathrm{d}y \\
&\quad - \gamma \frac{1 - p_u}{\beta_d} \int_{-\infty}^0 \frac{(e^y - 1)^2 e^{\frac{y}{\beta_d}}}{[1 + \alpha_t^*(e^y - 1)]^{\gamma+1}} \, \mathrm{d}y,
\end{aligned}$$

$$\frac{\partial F(\alpha_t^*, p_u, \beta_u, \beta_d)}{\partial p_u} = \frac{1}{\beta_u} \int_0^\infty \frac{(e^y - 1) e^{-\frac{y}{\beta_u}}}{[1 + \alpha_t^*(e^y - 1)]^\gamma} \, \mathrm{d}y$$

$$-\frac{1}{\beta_d}\int_{-\infty}^{0}\frac{(e^y-1)e^{\frac{y}{\beta_d}}}{[1+\alpha_t^*(e^y-1)]^\gamma}\mathrm{d}y.$$

当 $\alpha_t^*\in[0,1]$ 时,容易证明

$$\frac{\partial F(\alpha_t^*,p_u,\beta_u,\beta_d)}{\partial\alpha_t^*}<0 \tag{4.17}$$

$$\frac{\partial F(\alpha_t^*,p_u,\beta_u,\beta_d)}{\partial p_u}>0 \tag{4.18}$$

式(4.13)的两边对 p_u 求导数,由链式法则,我们有

$$\frac{\partial\alpha_t^*}{\partial p_u}\gamma\sigma^2=\lambda\left[\frac{\partial F(\alpha_t^*,p_u,\beta_u,\beta_d)}{\partial\alpha_t^*}\frac{\partial\alpha_t^*}{\partial p_u}+\frac{\partial F(\alpha_t^*,p_u,\beta_u,\beta_d)}{\partial p_u}\right]$$

或

$$\left[\gamma\sigma^2-\lambda\frac{\partial F(\alpha_t^*,p_u,\beta_u,\beta_d)}{\partial\alpha_t^*}\right]\frac{\partial\alpha_t^*}{\partial p_u}=\lambda\frac{\partial F(\alpha_t^*,p_u,\beta_u,\beta_d)}{\partial p_u}.$$

由式(4.17)和(4.18)可知,当 $\alpha_t^*\in[0,1]$ 时,α_t^* 是 p_u 的单调递增函数。

由于 α_t^* 是向上跳跃概率 p_u 的函数,由引理 4.1 和引理 4.2,我们有

$$\alpha_t^*(p^L)=0,\alpha_t^*(p^H)=1.$$

引理 4.3 进一步证明了当 $\alpha_t^*\in[0,1]$ 时,α_t^* 是 p_u 的单调增函数。所以由上述 3 个引理,我们可以知道,如果向上跳跃概率 p_u 满足 $p_u\in[p^L,p^H]$,那么式(4.13)必然存在一个解 α_t^*,且 α_t^* 满足 $\alpha_t^*\in[0,1]$。以下命题总结了上述结论。

命题 4.1 在资产价格服从双指数跳跃扩散分布条件下,假定 $0<\beta_u<1$ 且 $0<\beta_d\gamma<1$。令

$$p^L=\frac{(1-\beta_u)(\lambda\beta_d-\delta\beta_d-\delta)}{\lambda(\beta_u+\beta_d)}$$

$$p^H=\frac{(1+\beta_u\gamma)(1+\beta_u\gamma-\beta_u)[\lambda\beta_d-(\delta-\gamma\sigma^2)(\beta_d\gamma-1)(\beta_d\gamma-1-\beta_d)]}{\lambda(\beta_u+\beta_d)(\beta_u\beta_d\gamma^2-\beta_u\beta_d\gamma+1)}.$$

如果向上跳跃概率 p_u 满足 $p_u\in[p^L,p^H]$,那么方程(4.13)必然存在一个解,即最优风险资产权重满足 $\alpha_t^*\in[0,1]$。

在引理 4.3 中，我们证明了 α_t^* 是向上跳跃概率 p_u 的单调增函数。这一结果很直观，表明如果风险资产收益率更可能向上跳跃的时候，投资者应增加对风险资产的投资权重。以下命题给出了其他参数包括平均向上跳跃幅度和平均向下跳跃幅度如何影响最优风险资产权重。

命题 4.2 在资产价格服从双指数跳跃扩散分布条件下，假定 $0<\beta_u<1$ 且 $0<\beta_d\gamma<1$。如果式（4.13）的解 α_t^* 满足 $\alpha_t^*\in[0,1]$，那么当投资者相对风险厌恶系数满足 $\gamma<\dfrac{\beta_u+\sqrt{\beta_u^2+4}}{2\beta_u}$ 时，最优风险资产权重 α_t^* 是平均向上跳跃幅度 β_u 的增函数，如果相对风险厌恶系数满足 $\gamma<\dfrac{\beta_d+\sqrt{\beta_d^2+4}}{2\beta_d}$ 时，那么最优风险资产权重 α_t^* 是平均向下跳跃幅度 β_d 的减函数。

证明：类似于引理 4.3 的证明，我们令 $F(\alpha_t^*,p_u,\beta_u,\beta_d,\gamma)=E[(1+\alpha_t^*\tilde{J})^{-\gamma}\tilde{J}]$。让 $F(\alpha_t^*,p_u,\beta_u,\beta_d)$ 对 β_u 求偏导数，我们有

$$\frac{\partial}{\beta_u}F(\alpha_t^*,p_u,\beta_u,\beta_d)=\frac{p_u}{\beta_u^3}\int_0^\infty M(y)\mathrm{d}y$$

其中

$$M(y)=\frac{(y-\beta_u)(e^y-1)e^{-\frac{y}{\beta_u}}}{[1+\alpha_t^*(e^y-1)]^\gamma}.$$

由于 $\alpha_t^*\in[0,1]$，并且 $y>0$，故

$$M(y)\geqslant(y-\beta_u)(e^y-1)e^{-\frac{y}{\beta_u}-\gamma y}.$$

由于 $0<\beta_u<1$ 且 $\gamma>0$，容易证明

$$\int_0^\infty M(y)\mathrm{d}y\geqslant\int_0^\infty(y-\beta_u)(e^y-1)e^{-\frac{y}{\beta_u}-\gamma y}\mathrm{d}y=\frac{(-\beta_u^2\gamma^2+\beta_u^2\gamma+1)\beta_u^3}{(1+\beta_u\gamma-\beta_u)^2(1+\beta_u\gamma)^2}.$$

所以，当 $-\beta_u^2\gamma^2+\beta_u^2\gamma+1<0$，或者 $\gamma<\dfrac{\beta_u+\sqrt{\beta_u^2+4}}{2\beta_u}$ 时，我们有

$$\frac{\partial}{\beta_u}F(\alpha_t^*,p_u,\beta_u,\beta_d)>0 \tag{4.19}$$

式（4.13）的两边对 β_u 求偏导数，由链式法则可得

$$\frac{\partial \alpha_t^*}{\partial \beta_u}\gamma\sigma^2 = \lambda\left[\frac{\partial F(\alpha_t^*, p_u, \beta_u, \beta_d)}{\partial \alpha_t^*}\frac{\partial \alpha_t^*}{\partial \beta_u} + \frac{\partial F(\alpha_t^*, p_u, \beta_u, \beta_d)}{\partial \beta_u}\right]$$

或

$$\left[\gamma\sigma^2 - \lambda\frac{\partial F(\alpha_t^*, p_u, \beta_u, \beta_d)}{\partial \alpha_t^*}\right]\frac{\partial \alpha_t^*}{\partial \beta_u} = \lambda\frac{\partial F(\alpha_t^*, p_u, \beta_u, \beta_d)}{\partial \beta_u}.$$

由式(4.17)和(4.19)我们可证当 $\gamma < \dfrac{\beta_u + \sqrt{\beta_u^2+4}}{2\beta_u}$ 满足时, α_t^* 是 β_u 的

单调增函数。

同理,我们有

$$\frac{\partial}{\partial \beta_d}F(\alpha_t^*, p_u, \beta_u, \beta_d) = \frac{1-p_u}{\beta_d^3}\int_{-\infty}^0 N(y)\mathrm{d}y$$

其中

$$N(y) = \frac{(y+\beta_d)(1-e^y)e^{\frac{y}{\beta_d}}}{[1+\alpha_t^*(e^y-1)]^\gamma}.$$

由于 $\alpha_t^* \in [0,1]$ 且 $y<0$,故

$$N(y) \leqslant (y+\beta_d)(1-e^y)e^{\frac{y}{\beta_d}-\gamma y}.$$

另外,当 $\beta_d\gamma<1$ 时,我们有

$$\int_{-\infty}^0 N(y)\mathrm{d}y \leqslant \int_{-\infty}^0 \frac{(y+\beta_d)(1-e^y)e^{\frac{y}{\beta_d}-\gamma y}}{[1+\alpha_t^*(e^y-1)]^\gamma}\mathrm{d}y = \frac{(\beta_d^2\gamma^2-\beta_d^2\gamma-1)\beta_d^3}{(1-\beta_d\gamma)^2(1+\beta_d-\beta_d\gamma)^2}$$

所以,当 $\beta_d^2\gamma^2-\beta_d^2\gamma-1<0$,或 $\gamma<\dfrac{\beta_d+\sqrt{\beta_d^2+4}}{2\beta_d}$ 时,我们有

$$\frac{\partial}{\partial \beta_u}F(\alpha_t^*, p_u, \beta_u, \beta_d)<0.$$

式(4.13)的两边对 β_d 求偏导数,我们可以得到此时 α_t^* 是 β_d 的单调减函数。

由命题4.2,我们发现为了使得最优风险资产的权重随着平均向上跳跃幅度 β_u 的增加而增加,随着平均向下跳跃幅度 β_d 的增加而减少,投资者的相对风险厌恶系数 γ 需要满足以下条件:

$$\gamma < \frac{\beta_i+\sqrt{\beta_i^2+4}}{2\beta_i}, i=d,u \tag{4.20}$$

当风险厌恶参数 γ 非常大,或平均向上跳跃幅度或平均向下跳跃幅度非常大时,式(4.20)的条件可能无法满足,从而得到看似不合理的结论。例如,假设一个投资者的相对风险厌恶系数为 $\gamma=10$,如果向上平均跳跃幅度 $\beta_u>0.105$,那么式(4.20)的条件就无法满足。在这种情况下,最优风险资产权重 α_t^* 在 $\alpha_t^* \in [0,1]$ 区间内可能是平均向上跳跃幅度 β_u 的单调减函数,即平均向上跳跃幅度增加会导致投资者降低风险资产的比重。

为了说明这一点,图 4-2 给出了当 $\gamma=10$ 时,最优风险资产权重 α_t^* 随平均向上跳跃幅度 β_u 变化的曲线。我们可以看到,当 β_u 满足式的条件时,在 $\alpha_t^* \in [0,1]$ 区间内 α_t^* 随着 β_u 的增加而增加。这个结果是比较直观的,因为平均向上跳跃幅度增加会提高风险资产的吸引力。然而当 β_u 进一步增加使得式的条件不再成立时,我们可以看到 α_t^* 可能会随着 β_u 的增加而减少。导致这一结果的原因是,平均跳跃幅度的进一步增加意味着资产具有较高的波动率。因此,对于非常厌恶风险的投资者来说,他们更愿意减少对风险资产的持有比例。

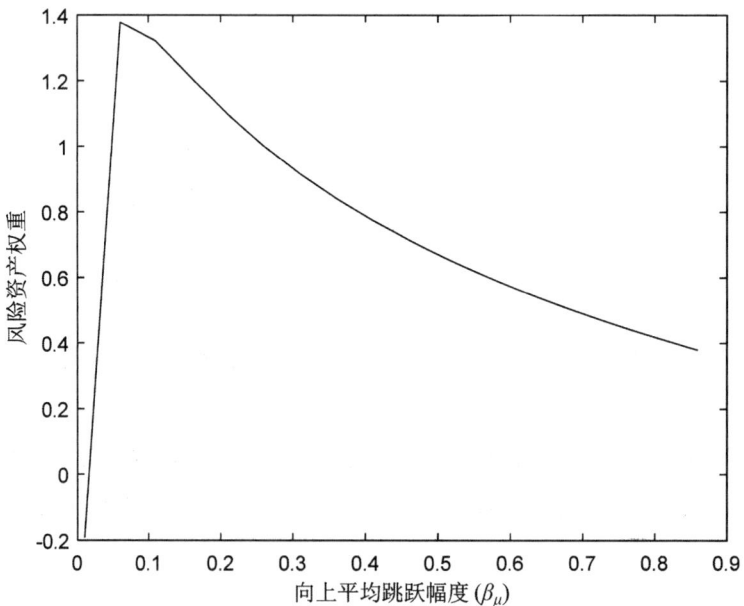

图 4-2　最优风险资产权重同向上平均跳跃幅度的关系

为了评估投资者因忽略非对称跳跃分布而带来的经济成本,我们假设风险资产价格的真实数据生成过程服从双指数跳跃扩散过程,且 α^* 为最优风险资产比例。令 α^+ 代表跳跃幅度服从对数正态分布时的最优风险资产比例。借鉴 Das and Uppal (2004)的做法,投资者选择次优组合 α^+ 而不是最优组合 α^* 所需要的初期财富 c 由下式确定:

$$E_0\big[u(W_T(\alpha^*)\,|\,W_0=1)\big]=E_0\big[u(W_T(\alpha^+)\,|\,W_0=c)\big] \quad (4.21)$$

求解式(4.21)得

$$c=\left[\frac{A(t;\alpha^*)}{A(t;\alpha^+)}\right]^{1/(1-\gamma)} \quad (4.22)$$

其中由式(4.12)可知,$A(t)$ 满足以下微分方程:

$$0=\frac{A'(t)}{A(t)}+(1-\gamma)\left(r+\alpha_t^*\delta-\frac{1}{2}\gamma\alpha_t^{*2}\sigma^2\right)+\lambda\big[E((1+\alpha_t^*\tilde{J})^{1-\gamma})-1\big]$$

$$(4.23)$$

其中终端条件为 $A(T)=1$。求解式(4.23)可得,

$$A(t;\alpha^*)=e^{B(\alpha^*)(T-t)} \quad (4.24)$$

其中

$$B(\alpha)=(1-\gamma)\left(r+\alpha\delta-\%\frac{1}{2}\gamma\alpha^2\sigma^2\right)+\lambda\big[E((1+\alpha\tilde{J})^{1-\gamma})-1\big]$$

$$(4.25)$$

因而投资者使用次优组合 α^+ 而不是最优组合的 α^* 所带来的经济成本可以写作:

$$\bar{c}=100\times(c-1) \quad (4.26)$$

4.3 基于上证指数的实证结果

4.3.1 数据和参数估计

我们采用上证指数 1996 年 1 月 2 日至 2015 年 12 月 31 日的日收盘价数据,数据来源于 Wind 资讯数据库。我们计算上证指数的对数

收益率再乘上 100,相关的统计信息见表 4-1。我们可以看到,上证指数收益率具有负的偏度,并具有厚尾分布。由于正态分布的偏度为零,峰度为 3,上证指数收益率不服从正态分布。同时,Jacque-Bera 检验在 1%的显著性水平上拒绝收益率服从正态分布的原假设。

表 4-1　收益率的描述性统计

样本数	均值	标准差	偏度	峰度	JB 检验 p 值
4844	0.0004	0.0174	−0.3325	7.7282	0.001

本章采用两种跳跃扩散模型来拟合上证指数收益率的对数收益率,包括对数正态分布跳扩散模型(LJD)和双指数分布跳跃扩散模型(DEJD)。我们使用极大似然估计方法来估计这两个模型,表 4-2 中给出了两个模型的参数估计结果,其中*、**和***分别表示在 1%、5%和 10%的置信水平下显著不为 0。

表 4-2　参数估计结果

	LJD 模型		DEJD 模型	
	参数估计	标准差	参数估计	标准差
μ	0.0009***	0.0002	−0.0001	0.0006
σ	0.0106***	0.0005	0.0066***	0.0013
λ	0.2319***	0.0329	0.7454***	0.1111
μ_J	−0.0023*	0.0012	—	—
σ_J	0.0285***	0.0016	—	—
p	—	—	0.5634***	0.0446
β_u	—	—	0.0120***	0.0006
β_d	—	—	0.0141***	0.0011

（续表）

	LJD 模型	DEJD 模型
LLF	13240	13266
AIC	−25507	−26471
BIC	−25494	−26438

表 4-2 的第 2 列和第 3 列给出了 LJD 模型的参数估计结果，其中资产价格的跳跃幅度 J 服从对数正态分布，或等价的，由式（4.2）可知资产收益率的跳跃幅度服从对称的正态分布。我们可以看到，收益率漂移项的估计值为 0.0009，在 1% 的水平上显著。跳跃幅度的均值为 −0.0023，在 10% 水平上显著。跳跃强度的估计值为 0.2319，在 1% 水平上显著，表明上证指数在 1 天里至少发生 1 次跳跃的概率为

$$1-\exp(-0.2319)=0.2070.$$

因而，当考虑跳跃成分的影响，上证指数收益率的均值为

$$0.0009-0.2319\times0.0023=0.00036,$$

接近于表 4-1 所列出的上证收益率收益率的均值。同时，收益率扩散部分的波动率为 0.0106，在 1% 水平上显著。而跳跃幅度的波动率 0.0285，同样在 1% 水平上显著。可以看到，跳跃幅度的波动率要大于平缓变动情况下收益率的波动率，即突发事件会导致资产价格发生更大的波动。

表 4-2 的第 4 列和第 5 列给出了 DEJD 模型的参数估计结果，其中资产价格的跳跃幅度服从双指数分布，使得资产收益率的跳跃幅度和跳跃频率具有非对称性。同 LJD 模型不同，在 DEJD 模型下收益率漂移项的估计值为 −0.0001，统计意义上不显著。波动率为 0.0066，在 1% 水平上显著，且小于 LJD 模型下波动率的估计值 0.0106。跳跃强度的估计值为 0.7454，在 1% 水平上显著，表明上证指数在 1 天里至少发生 1 次跳跃的概率为

$$1-\exp(-0.7454)=0.5255.$$

因而,同 LJD 模型相比,DEJD 模型具有较小的平缓波动率以及较大的跳跃频率,即 DEJD 模型将资产价格的波动以更大的比例归因于跳跃引起的波动。上述结果与 Ramezani and Zeng(2007)和 Huang and Wu(2004)针对美国标准普尔 500 指数的研究结论相一致,他们认为对数正态分布模型会低估资产的跳跃频率。向上跳跃概率的估计值为 0.5634,且在 1‰水平上显著,表明在样本期间内上证指数收益率发生向上跳跃的可能性更大。向下平均跳跃幅度 β_d 的估计值为 0.0141,在 1‰水平上显著,表明在利空消息的影响下,上证指数收益率向下跳跃的平均幅度为 1.41%。向上平均跳跃幅度 β_u 的估计值为 0.0120,在 1‰水平上显著,表明在利好消息的影响下,上证指数收益率向下跳跃的平均幅度为 1.2%。对于 $\beta_u = \beta_d$ 的原假设,Wald 统计量为 4.10,对应的伴随概率为 0.0429,表明跳跃幅度具有显著的非对称性。由于 β_d 显著大于 β_u,这表明负面消息对市场的负向冲击要显著高于正面消息对市场的正向冲击。同时,给定上述参数估计值,我们可以计算得到资产收益率的均值为

$$0.5634 \times 0.012 - 0.4366 \times 0.0141 - 0.0001 = 0.0005,$$

同样接近于表 4-1 所列出的上证收益率收益率的均值。

由于对数正态跳跃扩散模型同双指数跳跃扩散模型不具有嵌套关系,所以我们采用 AIC 和 BIC 作为模型比较的准则。由表中结果我们可以看到,同对数正态跳跃扩散模型相比,双指数跳跃扩散模型具有更小的 AIC 和 BIC,因而能更好地拟合收益率时间序列。

4.3.2 最优风险资产权重和经济成本

我们用 Newton-Raphson 方法对方程进行数值求解,可以求得 LJD 模型和 DEJD 模型下的最优风险资产权重。投资者的相对风险厌恶系数可以为 2 到 10 的整数,最优风险资产权重如表 4-3 所示。可以看到,无论是 LJD 模型还是 DEJD 模型,当风险厌恶系数增加时,风险资产的权重都会减小。此外,DEJD 模型下的风险资产权重低于

LJD 模型下的风险资产权重,说明左偏的跳跃分布使得投资者不愿意持有风险资产。

表 4 - 3 不同风险厌恶系数下的最优风险资产权重

RRA(γ)	LJD 模型	DEJD 模型
2	0.5697	0.4788
3	0.3800	0.3193
4	0.2851	0.2395
5	0.2281	0.1916
6	0.1901	0.1597
7	0.1629	0.1369
8	0.1426	0.1198
9	0.1267	0.1065
10	0.1141	0.0958

为了考察忽略非对称跳跃分布投资者所需要支付的经济成本,我们假设 DEJD 模型是真实的数据生成过程。我们利用式(4.26)来计算投资者使用错误的 LJD 模型而不是真实的 DEJD 模型,所需要支付的经济成本。表 4 - 4 的结果表明,风险厌恶系数越低的投资者,如果忽略跳跃分布的非对称,将遭受更多的经济损失。这一结果背后的逻辑是,具有较低风险厌恶系数的投资者更愿意承担风险,所以投资风险资产的比重会比较高。因而,准确地建立风险资产收益率模型对于较低风险厌恶系数的投资者来说更为重要。

表 4 - 4　不同风险厌恶程度投资者的经济成本

RRA(γ)	1 年	2 年	3 年	4 年	5 年
2	0.0236	0.0473	0.0710	0.0946	0.1183
3	0.0158	0.0317	0.0475	0.0633	0.0792
4	0.0119	0.0238	0.0357	0.0476	0.0595
5	0.0095	0.0191	0.0286	0.0381	0.0476
6	0.0079	0.0159	0.0238	0.0318	0.0397
7	0.0068	0.0136	0.0204	0.0273	0.0341
8	0.0060	0.0119	0.0179	0.0239	0.0298
9	0.0053	0.0106	0.0159	0.0212	0.0265
10	0.0048	0.0095	0.0143	0.0191	0.0239

最后,我们考察向上跳跃概率 p_u 如何影响投资者的最优投资决策。投资者的相对风险厌恶系数 γ 可以是 5 或 10。由表 4 - 2 的参数估计结果和命题 4.1 中的结论,当相对风险厌恶系数 $\gamma = 5$ 时,如果向上跳跃概率满足 $p_u \in [0.5440, 0.6190]$ 时,或者当相对风险厌恶系数 $\gamma = 10$ 时,如果向上跳跃概率满足 $p_u \in [0.5440, 0.6904]$ 时,投资者的最优风险资产权重满足 $\alpha_t^* \in [0,1]$。因此,在以下分析中,我们让其他参数保持不变,并令向上跳跃概率 p_u 在 0.5440 到 0.6190 之间变化,从而使得最优风险资产权重介于 0 和 1 之间。

图 4 - 3 给出了向上跳跃概率 p_u 如何影响最优风险资产权重。与我们的理论相一致,风险资产权重会随着向上跳跃概率的增加而增加。同时,与风险厌恶系数为 10 的投资者相比,风险厌恶系数为 5 的投资者对向上跳跃概率的变动更为敏感:当好消息概率增大时风险资产的权重增加得更快,而当坏消息概率增大时风险资产的权重也会减小得更快。换句话说,投资者的风险厌恶程度越低,对参数 p_u 的不确定性变化越敏感。

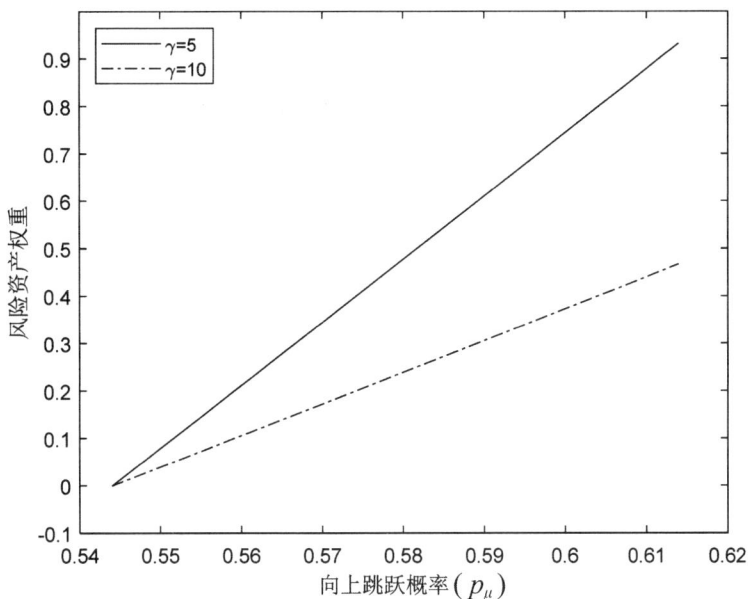

图 4-3 最优风险资产权重与向上跳跃概率的关系

4.4 小结

目前,将跳跃扩散模型应用于动态资产配置的研究均是基于对数正态跳跃分布的假设。本章基于双指数跳跃扩散模型,研究资产收益跳跃的非对称性对投资者最优资产配置的影响。理论研究表明,在满足一定假设条件下,最优风险资产权重是向上跳跃概率和平均向上跳跃幅度的增函数,是平均向下跳跃幅度的减函数。

基于上证指数的实证结果表明,同对数正态跳跃扩散模型相比,双指数跳跃扩散模型能更好地拟合上证指数收益率序列。在样本期间内,模型估计结果表明,资产收益率向上跳跃的概率估计值为 0.5364,即向上跳跃的概率更高。另外,平均向下跳跃幅度显著高于平均向上跳跃幅度,表明坏消息对市场造成的负向冲击要显著高于好消息对市场造成的正向冲击。

最后我们研究了忽视跳跃分布的非对称性给投资者造成的经济成本。我们发现投资者的风险厌恶程度越低,忽视跳跃分布的非对称性所导致的经济成本越高。

5 动态跳跃风险下的动态最优投资组合

5.1 引言

受不同类型事件的影响,金融资产的价格会有不同幅度的变动。Maheu and McCurdy (2004)将影响公司股价的事件分为 2 类,即正常事件和非正常事件。正常事件导致股价平缓变动,而非正常事件,即突发事件,则导致股价发生跳跃变动。他们对美国股票市场的实证研究表明,不管是个股还是市场指数,其价格波动都存在跳跃的成分,并且跳跃强度具有持续性。利用标准普尔 500 指数期权数据,Pan (2002)、Yan (2011)和 Christoffersen *et al*. (2012b)发现,标准普尔 500 指数平均每年跳跃 1 次,跳跃幅度的均值和标准差分别为约—3%和 4%。Barndorff-Nielsen and Shephard (2006)、Lee and Mykland (2008)和 Ait-Sahalia and Jacod (2009)基于高频数据采用非参数化方法来检测跳跃。Miao *et al*. (2014)使用 5 分钟标准普尔 500 指数期货数据,发现在 2001 年 1 月—2010 年 12 月期间,至少发生 1 次重大跳跃的天数占总交易日的 20%。

大量文献研究指出,在突发事件的影响下,资产跳跃的强度不是恒定的,而是随时间变化的(Chan & Maheu, 2002; Eraker, 2004; Barndorff-Nielsen & Shephard, 2006; Ait-Sahalia *et al*., 2015)。Maheu and McCurdy(2004)设定资产跳跃强度服从一阶自回归过程,建立 GARCH-ARJI(Generalized Autoregressive Conditional Heteroskedasticity with Autoregressive Jump Intensity)模型以刻画突发事件对资产价格动态过程的影响。他们的实证结果表明,资产的跳跃强度具有显著的

持续性,即突发事件对资产价格的冲击存在较长时间的持续影响。他们同时发现,由于考虑了跳跃强度的时变特征,该模型可以显著提高对股票波动率的预测能力,特别是在股票价格经历大幅震荡之后。

本章在 Chan and Maheu(2002)和 Maheu and McCurdy(2004)的基础上,构建 GARCH-ARJI 模型对标准普尔 500 指数期货和沪深 300 指数的收益率时间序列建模。作为比较,我们引入不考虑跳变风险的 GARCH 模型和跳跃强度设定为常数的 GARCH-CJI 模型对收益率时间序列进行拟合。实证结果表明,同 GARCH 模型和 GARCH-CJI 模型相比,GARCH-ARJI 模型能更好地拟合数据。

GARCH-ARJI 模型的估计结果表明,标准普尔 500 指数期货的跳跃强度是时变的,并且在 21 世纪初的美国经济衰退、2008 年的美国次贷危机和 2010—2011 年的欧洲债务危机期间,跳跃强度达到了较高的水平。沪深 300 指数的跳跃强度也是时变的,在 2008 年美国次贷危机以及 2015 年国内市场金融危机期间处于较高的水平。

跳跃风险是影响投资者投资决策的重要因素,然而在以往的文献中,资产价格的跳跃强度一般假设是恒定的。本章扩展以往文献的研究,允许资产价格的跳跃强度是时变的,求解具有幂效用函数的投资者的动态投资组合问题。由于该问题没有显式解,我们依靠数值算法来求解。为了求解动态投资组合问题的值函数,常用的数值算法主要有 2 种。第一种是对状态变量进行离散化构建状态变量网格,并通过插值算法近似求解值函数(Barberis,2000;Guidolin & Timmermann,2007)。第二种方法模拟大量状态变量变化的路径,通过对这些路径做横截面回归得到值函数同状态变量的依赖关系。Brandt *et al.*(2005)指出,同第一种方法相比,第二种方法,即基于模拟仿真的方法能够处理大量的状态变量,并且这些状态变量的动态过程可以非常复杂,例如可以是路径依赖过程。

在 GARCH-ARJI 模型下,我们有 3 个状态变量影响资产收益率的动态过程,包括下一期收益率的条件均值、条件方差以及跳跃强度。

这 3 个状态变量的动态过程都是非线性的,且是路径依赖的。因而,本章我们采用基于模拟仿真的方法来求解 GARCH-ARJI 模型下投资者的动态最优投资组合问题。实证结果表明,跳跃强度作为状态变量是影响投资者投资决策的重要因素。当初始跳跃强度增加时,投资者将减少其在风险资产中的投资比例。同短视策略相比,动态投资策略能够为风险厌恶程度较低的投资者带来更高的确定性等价收益率。

我们还研究了资产跳跃的动态过程对动态最优投资组合的影响。在 GARCH-ARJI 模型下,资产价格跳跃的动态性质由 3 个参数描述:长期均衡跳跃强度 θ,跳跃持续性参数 ρ,以及跳跃冲击参数 φ。首先,随着长期均衡跳跃强度 θ 的增加,风险资产权重会降低。其次,跳跃持续性参数 ρ 对风险资产权重的影响取决于初始的跳跃强度。一方面,如果初始跳跃强度较低,则较大的 ρ 表示未来低跳跃强度有较大可能性将持续存在,从而导致投资者提高风险资产的权重。另一方面,如果初始的跳跃强度很高,那么较大的 ρ 就意味着未来较高的跳跃强度可能持续存在。在这种情况下,投资者将降低风险资产的权重。最后,由于跳跃冲击项的期望值为零,所以我们发现跳跃冲击参数 φ 与风险资产权重之间不存在简单的单调关系。

为了考察动态跳跃风险对投资者资产配置的重要性,我们考察了GARCH 模型、GARCH-CJI 模型以及 GARCH-ARJI 模型的样本外绩效。实证结果表明,与 GARCH 和 GARCH-CJI 模型相比,考虑时变跳跃风险的 GARCH-ARJI 模型所得到的样本外收益率具有更低的标准差和更低的平均收益率。而以夏普比作为绩效衡量指标,GARCH-ARJI 模型不能优于 GARCH-CJI 模型,但显著优于 GARCH 模型和等权重投资组合。如果使用基于效用的绩效度量指标,GARCH-ARJI 模型可以获得比 GARCH 模型、GARCH-CJI 模型和等权重投资组合更高的确定性等价收益率。这表明 GARCH-ARJI 模型因为考虑了跳跃风险,因而更受风险厌恶投资者的青睐。此外,当我们考虑交易成本时,上述实证结果是稳健的。

本章的其余部分安排如下。第二节引入 GARCH-ARJI 模型来描述风险资产收益率的动态过程,建立了具有幂效用函数的投资者的动态投资组合模型,第三节给出了实证结果,第四节为小结。

5.2 考虑动态跳跃风险的最优资产配置

5.2.1 数据生成过程

为了刻画风险资产波动率和跳跃强度的动态时变特征,我们建立一个 AR(1)-GARCH(1,1)-ARJI 模型来对资产的日度收益率建模。考虑到收益率序列可能存在序列相关,我们假定收益率服从一阶自回归过程。令 r_t 表示资产的对数收益率,其动态过程设定为

$$r_t = \alpha + \beta r_{t-1} + \varepsilon_t \tag{5.1}$$

类似于 Chan and Maheu (2002) 和 Maheu and McCurdy (2004),我们假设收益率冲击可以分解为两个当期独立的随机过程:

$$\varepsilon_t = \varepsilon_{1,t} + \varepsilon_{2,t} \tag{5.2}$$

其中 $\varepsilon_{1,t}$ 代表平缓的股价冲击,$\varepsilon_{2,t}$ 代表突发事件所导致的股价跳跃变动。给定 $t-1$ 时刻的信息集 I_{t-1},$\varepsilon_{1,t}$ 服从均值为 0 的正态分布,即 $\varepsilon_{1,t} | I_{t-1} \sim N(0, h_t)$,其中条件方差 h_t 为以下 GARCH(1,1) 过程

$$h_t = \kappa + \eta h_{t-1} + \psi \varepsilon_{t-1}^2 \tag{5.3}$$

Maheu and McCurdy (2004) 指出,很难根据观察到的收益率序列对两个冲击项 $\varepsilon_{1,t}$ 和 $\varepsilon_{2,t}$ 单独进行估计。因而按照 Maheu and McCurdy (2004) 的做法,在式中我们设定依据总冲击 ε_{t-1} 来更新条件方差。

跳跃冲击项 $\varepsilon_{2,t}$ 是一个服从补偿复合泊松分布的随机变量

$$\varepsilon_{2,t} = \sum_{k=1}^{N_t} J_k - \lambda_t \mu \tag{5.4}$$

其中跳跃幅度 J_k 服从均值为 μ,标准差为 δ 的正态分布 $J_k \sim N(\mu, \delta^2)$。随机过程 N_t 统计在 $(t-1, t)$ 区间内资产价格跳跃的次数。给定

信息集 I_{t-1}，N_t 服从一个泊松分布，其条件密度函数为

$$\Pr(N_t = i \mid I_{t-1}) = \frac{\lambda_t^i}{i\,!} \exp(-\lambda_t), i = 0, 1, \cdots \quad (5.5)$$

其中跳跃强度 $\lambda_t = E_{t-1}(N_t)$ 是时变的，且服从以下一阶自回归过程：

$$\lambda_t = \theta + \rho\lambda_{t-1} + \varphi\xi_{t-1} \quad (5.6)$$

式(5.6)中，自回归系数 ρ 是度量跳跃强度持续性的参数，可以刻画重大事件对资产价格波动的持续性影响。冲击项 ξ_{t-1} 由下式给出：

$$\xi_{t-1} = E_{t-1}(N_{t-1}) - \lambda_{t-1} \quad (5.7)$$

其中 $E_{t-1}(N_{t-1}) = E(N_{t-1} \mid I_{t-1})$ 是基于信息集 I_{t-1} 对 N_{t-1} 的事后估计，而 $\lambda_{t-1} = E_{t-2}(N_{t-1})$ 是基于信息集 I_{t-2} 对 N_{t-1} 的事前预测。两者之差，即 ξ_{t-1}，代表当 $t-1$ 时刻新的信息可用时，跳跃次数 N_{t-1} 估计值的更新。因此，如果在 $(t-2, t-1)$ 的时间间隔内有突发事件发生，冲击项 ξ_{t-1} 可以捕捉到该事件对资产价格的影响。此外，Maheu and McCurdy (2004)指出，ξ_t 是一个定义在信息集 I_t 上的鞅，并且满足当 $s \neq t$ 时有 $cov(\xi_s, \xi_t) = 0$。在设定一个动态过程的冲击项时，满足上述条件是一个非常好的性质。最后，为了保证跳跃强度 λ_t 是一个非负值，我们设定方程(5.6)中的参数满足以下约束：$\theta, \varphi \geqslant 0$，且 $\varphi \leqslant \rho < 1$。

5.2.2 模型的参数估计

令 $\Theta = \{\alpha, \beta, \kappa, \eta, \psi, \theta, \rho, \varphi\}$，即 GARCH-ARJI 模型未知参数的集合，我们采用极大似然估计法对模型参数进行估计。模型的对数似然函数可以写作

$$L = \sum_{t=1}^{T} \log[q(r_t \mid I_{t-1})]$$

其中 T 代表总的样本量，$q(r_t \mid I_{t-1})$ 为给定信息集 I_{t-1}，收益率 r_t 的概率密度函数

$$q(r_t \mid I_{t-1}) = \sum_{i=0}^{+\infty} q(r_t \mid N_t = i, I_{t-1})\Pr(N_t = i \mid I_{t-1}) \quad (5.8)$$

我们由式(5.5)可以求得 $\Pr(N_t = i \mid I_{t-1})$。另外，给定信息集 I_{t-1} 和跳

跃次数 $N_t = i$,由式(5.1)和式(5.2),r_t 可以写作

$$r_t = \alpha + \beta r_{t-1} + \varepsilon_{1,t} + \sum_{k=1}^{i} J_k - \lambda_t \mu$$

因而条件概率 $q(r_t \mid N_t = i, I_{t-1})$ 可以通过下式求得:

$$q(r_t \mid N_t = i, I_{t-1}) = \frac{1}{\sqrt{2\pi\sigma_r^2}} \exp\left[-\frac{(r_t - \mu_r)^2}{2\sigma_r^2}\right] \qquad (5.9)$$

其中 $\mu_r = \alpha + \beta r_{t-1} + (i - \lambda_t)\mu$,$\sigma_r^2 = h_t + i\delta^2$。

在式(5.7)中,我们还需要确定事后估计量 $E(N_t \mid I_t)$。由定义,$E(N_t \mid I_t)$ 可以写作

$$E(N_t \mid I_t) = \sum_{i=0}^{+\infty} i \Pr(N_t = i \mid I_t)$$

基于贝叶斯法则,$\Pr(N_t = i \mid I_t)$ 可由下式求得

$$\Pr(N_t = i \mid I_t) = \frac{q(r_t \mid N_t = i, I_{t-1})\Pr(N_t = i \mid I_{t-1})}{q(r_t \mid I_{t-1})}。$$

5.2.3 最优动态投资组合

假设一个投资者希望通过 T 个阶段的投资,最大化他在 T 期期末时财富的期望效用。投资者可以投资一种风险资产和一种无风险资产,在每个阶段初始的时候决定他投资多少权重的风险资产和无风险资产。因而,投资者的最优投资组合问题可以写为:

$$\max_{\{\omega_\tau\}_{\tau=t}^{T-1}} E_t[U(W_T)] \qquad (5.10)$$

$$\text{s.t. } W_{t+1} = W_t(\omega_t R_{t+1}^e + R_f), t = 0, \cdots, T-1$$

其中 W_t 代表 t 时刻的财富,ω_t 代表风险资产权重,$R_{t+1}^e = \exp(r_{t+1}) - R_f$ 为风险资产的超额收益率,R_f 为无风险资产的总收益率。假设投资者的效用函数为幂效用函数:

$$U(W_T) = \frac{W_T^{1-\gamma}}{1-\gamma} \qquad (5.11)$$

其中 γ 代表相对风险厌恶系数。

在幂效用函数下,当我们求解上述动态投资组合问题时,财富 W_t

不是一个状态变量。在收益率 r_t 服从 GARCH-ARJI 模型假设下,该问题有三个状态变量,包括下一期收益率的条件均值、条件方差以及跳跃强度。因而,令 $Z_t = (\overline{r}_{t+1|t}, \overline{h}_{t+1|t}, \overline{\lambda}_{t+1|t})$ 代表状态变量的集合,其中 $\overline{r}_{t+1|t}, \overline{h}_{t+1|t}$ 和 $\overline{\lambda}_{t+1|t}$ 分别代表给定 t 时刻信息集,风险资产在 $t+1$ 时刻收益率的条件均值,条件方差和跳跃强度。

最优风险资产权重可以通过从 $T-1$ 时刻至 0 时刻,递归求解函数 $Q_t(Z_t)$ 得到:

$$Q_t(Z_t) = \min_{\omega_t} E_t \left[(\omega_t R_{t+1}^e + R_f)^{1-\gamma} Q_{t+1}(Z_{t+1}) \right] \quad (5.12)$$

其中终端条件可以写作

$$Q_T(Z_T) = 1$$

5.2.4 求解算法

当风险资产收益率服从 GARCH-ARJI 时,问题(5.12)不存在显示解。本章按照 Brandt *et al.*(2005)的方法,采用模拟仿真的方法求解该问题。

问题(5.12)的一阶条件为

$$E_t \left[(\omega_t R_{t+1}^e + R_f)^{-\gamma} Q_{t+1}(Z_{t+1}) R_{t+1}^e \right] = 0$$

利用四阶泰勒展开,上式可以写作

$$E_t(A_{t+1}) + E_t(B_{t+1})\omega_t + E_t(C_{t+1})\omega_t^2 + E_t(D_{t+1})\omega_t^3 = 0 \quad (5.13)$$

其中

$$A_{t+1} = R_f^{-\gamma} Q_{t+1}(Z_{t+1}) R_{t+1}^e$$

$$B_{t+1} = -\gamma R_f^{-\gamma-1} Q_{t+1}(Z_{t+1})(R_{t+1}^e)^2$$

$$C_{t+1} = \frac{1}{2} \gamma(\gamma+1) R_f^{-\gamma-2} Q_{t+1}(Z_{t+1})(R_{t+1}^e)^3$$

$$D_{t+1} = -\frac{1}{6} \gamma(\gamma+1)(\gamma+2) R_f^{-\gamma-3} Q_{t+1}(Z_{t+1})(R_{t+1}^e)^4$$

所以,如果我们知道基于 t 时刻信息集,$A_{t+1}, B_{t+1}, C_{t+1}, D_{t+1}$ 的条件期望值,那么将它们代入式(5.13),然后求解一个三次方程就可以得到最优风险资产权重 ω_t^*。

我们采用以下步骤求解 $A_{t+1}, B_{t+1}, C_{t+1}, D_{t+1}$ 的条件期望。

步骤 1：给定初始状态变量，包括基于当前时刻信息，下一期收益率的条件期望 $\bar{r}_{1|0}$，条件方差 $\bar{h}_{1|0}$，以及跳跃强度的预测值 $\bar{\lambda}_{1|0}$，基于以下步骤采用蒙特卡洛模拟方法生成 M 条样本路径，且每条路径上有 T 个观测值。

步骤 1.1：假设当前时刻为 t，对于路径 m，给定三个状态变量，包括 $t+1$ 时刻收益率的条件期望 $\bar{r}_{t+1|t}^{(m)}$，条件方差 $\bar{h}_{t+1|t}^{(m)}$，以及跳跃强度的预测值 $\bar{\lambda}_{t+1|t}^{(m)}$，我们可以模拟生成 $t+1$ 时刻的资产收益率

$$r_{t+1}^{(m)} = \bar{r}_{t+1|t}^{(m)} + \varepsilon_{1,t+1}^{(m)} + \varepsilon_{2,t+1}^{(m)} \tag{5.14}$$

其中 $\varepsilon_{1,t+1}^{(m)}$ 和 $\varepsilon_{2,t+1}^{(m)}$ 为模拟生成的两个随机抽样，分别服从正态分布和补偿复合泊松分布。

因而，我们可以从正态分布 $N(0, \bar{h}_{t+1|t}^{(m)})$ 中抽样得到一个抽样样本 $\varepsilon_{1,t+1}^{(m)}$，其中 $\bar{h}_{t+1|t}^{(m)}$ 代表给定 t 时刻信息，$t+1$ 时刻收益率平缓变动部分的条件方差。由于

$$\varepsilon_{2,t+1}^{(m)} = \sum_{k=1}^{N_{t+1}^{(m)}} J_k^{(m)} - \bar{\lambda}_{t+1|t}^{(m)} \mu \tag{5.15}$$

所以我们从一个跳跃强度为 $\bar{\lambda}_{t+1|t}^{(m)}$ 的泊松分布中抽样得到跳跃次数的一个抽样样本 $N_{t+1}^{(m)}$，其中 $\bar{\lambda}_{t+1|t}^{(m)}$ 为给定 t 时刻信息，$t+1$ 时刻跳跃强度的预测值。接着，我们可以从正态分布 $N(\mu, \delta^2)$ 中抽样得到跳跃幅度共 $N_{t+1}^{(m)}$ 个抽样样本 $J_k^{(m)}$，$k=1,\cdots,N_{t+1}^{(m)}$，将其代入式（5.15）可以得到 $\varepsilon_{2,t+1}^{(m)}$ 的抽样。最后将 $\varepsilon_{1,t+1}^{(m)}$ 和 $\varepsilon_{2,t+1}^{(m)}$ 代入式（5.14）得到收益率的一个抽样样本 $r_{t+1}^{(m)}$。

步骤 1.2：给定 $t+1$ 时刻收益率的抽样样本 $r_{t+1}^{(m)}$，我们通过以下方程得到下一期的状态变量：

$$\bar{r}_{t+2|t+1}^{(m)} = \alpha + \beta r_{t+1}^{(m)}$$

$$\bar{h}_{t+2|t+1}^{(m)} = \kappa + \eta \bar{h}_{t+1|t}^{(m)} + \psi (\varepsilon_{t+1}^{(m)})^2$$

$$\bar{\lambda}_{t+2|t+1}^{(m)} = \theta + \rho \bar{\lambda}_{t+1|t}^{(m)} + \varphi \xi_{t+1}^{(m)}$$

其中 $\varepsilon_{t+1}^{(m)} = r_{t+1}^{(m)} - \bar{r}_{t+1|t}^{(m)}$ 为 $t+1$ 时刻的收益率冲击，$\xi_{t+1}^{(m)} = E(N_{t+1}|$

$r_{t+1}^{(m)})-\bar{\lambda}_{t+1|t}^{(m)}$ 为跳跃强度的冲击。

步骤 1.3：从当前时刻开始重复执行上述步骤 1.1 和步骤 1.2 直至时刻 $T-1$，可以生成第 m 条路径上的 T 个观测值。

步骤 1.4：重复执行步骤 1.3 共 M 次，我们可以生成 M 条样本路径，且每条路径上有 T 个观测值。

步骤 2：从时刻 $T-1$ 至时刻 0，对每一条路径 m，其中 $m=1,\cdots,M$，递归求解风险资产的最优权重。

假定当前为 t 时刻，对于每一条抽样路径 m，从 $t+1$ 时刻至 $T-1$ 时刻的风险资产最优权重已经求得，记作 $\omega_s^{(m)*}$，其中 $s=t+1,\cdots,T-1$。我们按照以下过程求得 $t+1$ 时刻路径 m 上 $A_{t+1}^{(m)},B_{t+1}^{(m)},C_{t+1}^{(m)},D_{t+1}^{(m)}$ 的条件期望。

令 y_{t+1} 代表 A_{t+1},B_{t+1},C_{t+1} 或 D_{t+1} 中的某一个变量。按照 Brandt $et\ al.$（2005）的方法，我们假设 y_{t+1} 的条件期望 $E_t(y_{t+1})$ 为状态变量的线性函数：

$$E_t(y_{t+1})=a+b^{'}Z_t$$

因而，参数 a 和 b 可以通过估计以下横截面线性回归方程得到：

$$y_{t+1}^{(m)}=a+b^{'}Z_t^{(m)}+u_{t+1}^{(m)},m=1,\cdots,M$$

其中 $u_{t+1}^{(m)}$ 为残差项。在得到参数估计值 $\hat{a}$ 和 $\hat{b}$ 之后，$t+1$ 时刻路径 m 上 y_{t+1} 的条件期望即为 y_{t+1} 在路径 m 上的拟合值，即

$$\hat{y}_{t+1}^{(m)}=\hat{a}+\hat{b}^{'}Z_t^{(m)},m=1,\cdots,M$$

其中 $\hat{y}_{t+1}^{(m)}$ 为 $\hat{A}_{t+1}^{(m)},\hat{B}_{t+1}^{(m)},\hat{C}_{t+1}^{(m)}$ 和 $\hat{D}_{t+1}^{(m)}$ 的某一个变量。将 $\hat{A}_{t+1}^{(m)},\hat{B}_{t+1}^{(m)},\hat{C}_{t+1}^{(m)}$ 和 $\hat{D}_{t+1}^{(m)}$ 的拟合值代入式（5.13），我们可以求得路径 m 上 t 时刻的最优权重 $\omega_t^{(m)*}$。

5.3 实证研究

5.3.1 数据

我们首先考察标准普尔 500 指数期货和沪深 300 指数的动态跳跃

特征。标准普尔 500 指数期货连续合约数据来自 Datastrem,样本覆盖区间为 2000 年 1 月 3 日—2017 年 12 月 29 日,共有 4695 个日观测值。沪深 300 指数来自 CSMAR 数据库,样本区间为 2005 年 4 月 11 日—2019 年 12 月 1 日,共有 3584 个日观测值。我们计算风险资产的对数收益率,即风险资产当前价格与之前一期价格的对数差再乘以 100。2 种资产对数收益率的汇总统计见表 5 - 1。我们可以发现,同标准普尔 500 指数期货相比,沪深 300 指数具有更负的偏度和更小的峰度。由于正态分布的偏度和超值峰度均为 0,所以 2 个资产的时间序列都拒绝正态分布的原假设。在 Ljung-BoxQ 检验(Ljung & Box,1978)和 ARCH 检验(Engle,1982)中,我们设定滞后期为 20。***表示 1% 统计显著。Ljung-Box－Q 检验显示,2 种收益率具有显著的自相关。同时 ARCH 检验表明,2 种资产收益序列存在显著的 ARCH效应。

表 5 - 1　收益率的描述性统计信息

	均值	标准差	偏度	超值峰度	LBQ 检验	ARCH 检验
标普500 指数期货	0.0128	1.2032	−0.0784	11.413	76.934***	1473.8***
沪深 300指数	0.0393	1.7313	−0.5179	3.8695	70.843***	105.14***

5.3.2　参数估计

表 5 - 2 给出了标准普尔 500 指数期货的参数估计结果。为了做对比分析,表 5 - 2 同时报告了不含跳跃成分的 GARCH 模型和具有跳跃成分但跳跃强度为恒定值的 GARCH-CJI 模型的参数估计结果。*、**和***分别代表 10%、5% 和 1% 水平上显著。

表 5 – 2　标准普尔 500 指数期货的参数估计结果

	GARCH 模型		GARCH-CJI 模型		GARCH-ARJI 模型	
	参数估计	标准差	参数估计	标准差	参数估计	标准差
α	0.0545***	0.0116	0.0446***	0.0106	0.0151	0.0112
β	−0.0488***	0.0165	−0.0565***	0.0158	−0.0412***	0.0158
κ	0.0160***	0.0015	0.0037***	0.0012	0.0021***	0.0006
η	0.8865***	0.0064	0.8998***	0.0064	0.9544***	0.0041
ψ	0.1016***	0.0060	0.0834***	0.0059	0.0235***	0.0025
θ	—	—	0.0477***	0.0154	0.0184***	0.0032
ρ	—	—	—	—	0.9614***	0.0063
φ	—	—	—	—	0.3627***	0.0539
μ	—	—	−1.5401***	0.2855	−1.0204***	0.1159
δ	—	—	0.4173*	0.2463	0.4345***	0.0972
L	−6351		−6229		−6138	
AIC	12712		12474		12295	
BIC	12744		12526		12360	
LR	426.53***		182.60***		—	

第 2 列和第 3 列给出了 GARCH 模型的估计结果,其中 α 和 β 是式(5.1)中描述对数收益率条件均值的参数。由于 β 的参数估计为负,且 1% 水平上显著,表明资产收益率存在序列负相关。参数 κ、η 和 ψ 是式(5.3)中描述资产收益率条件方差的参数。η 的估计值为 0.8865,且 1% 水平上显著,表明条件波动率存在集聚效应。

第 4 列和第 5 列报告了 GARCH-CJI 模型的估计结果。在 GARCH-CJI 模型中,收益率的冲击包括 2 部分:一项为服从正态分布的平缓冲击,一项为具有恒定跳跃强度 θ 的跳跃冲击。同时,我们假定跳跃幅度服从均值为 μ,标准差为 δ 的正态分布。估计结果表明,恒定跳跃强度的估计值为 0.0477,并且在 1% 水平上显著。平均跳跃幅度的估计值为-1.5401,反映了日收益率分布具有负的偏度。

第 6 列和第 7 列报告了 GARCH-ARJI 模型的估计结果。在 GARCH-ARJI 模型中,收益率的冲击包括 2 部分:一项为服从正态分布的平缓冲击,一项为具有时变跳跃强度的跳跃冲击。参数 θ、ρ 和 φ 分别代表跳跃强度动态过程中常数项、自回归项和冲击项的系数。同时,μ 和 δ 分别代表跳跃幅度的均值和标准差。参数 ρ 的估计值为 0.9614,并且在 1% 水平上显著,表明跳跃强度具有持续性。冲击项系数的估计值为 0.3627,反映了过去冲击对跳跃强度的影响。跳跃大小的均值和标准差的估计与 GARCH-CJI 模型的估计相似。

同 GARCH 和 GARCH-CJI 模型相比,GARCH-ARJI 模型具有较大的对数似然值 L,较小的 AIC 和 BIC,表明 GARCH-ARJI 模型比其他 2 个模型能更好地拟合数据。由于在一定参数约束下,GARCH-ARJI 模型可以简化为 GARCH 模型或 GARCH-CJI 模型,因而在表 5-2 中,我们报告了 LR,即似然比检验统计量。我们发现 LR 统计量均在 1% 水平上显著,说明我们可以拒绝用 GARCH 或 GARCH-CJI 模型代替 GARCH-ARJI 模型的原假设。

表 5-3 给出了沪深 300 指数的参数估计结果。同标准普尔 500 指数期货的估计结果不同,对于不同的模型,沪深 300 指数的 β 估计值为正但不显著,表明沪深 300 指数收益率不存在显著的序列相关。GARCH 项 η 的估计值接近于 0.95,且在 1% 水平上显著,表明沪深 300 指数存在波动的集聚效应。

表 5-3 的第 4 列和第 5 列报告了 GARCH-CJI 模型的估计结果。恒定跳跃强度的估计值为 0.0997,并且在 1% 水平上显著。跳跃幅度均值和标准差的估计值分别为 -0.7472 和 2.3677,两者均在 1% 水平上显著,表明沪深 300 指数日收益率分布具有负的偏度。

第 6 列和第 7 列给出的是 GARCH-ARJI 模型的估计结果。参数 ρ 的估计值为 0.9749,并且在 1% 水平上显著,表明跳跃强度具有持续性,即突发事件对沪深 300 指数价格造成持续性冲击和影响。跳跃冲击项的估计值为 0.2721,但不显著,表明之前一期的价格冲击对当前期的跳跃强度影响不显著。最后,跳跃幅度的均值为 −0.3925,统计意义上不显著,而跳跃幅度波动率的估计值为 2.0016,在 1% 水平上显著,表明突发事件影响下资产收益率存在较显著的跳跃波动。

表 5 - 3　沪深 300 指数的参数估计结果

	GARCH 模型		GARCH-CJI 模型		GARCH-ARJI 模型	
	参数估计	标准差	参数估计	标准差	参数估计	标准差
α	0.0481**	0.0228	0.0296	0.0259	0.0421	0.0977
β	0.0240	0.0179	0.0175	0.0174	0.0168	0.1411
κ	0.0071*	0.0038	0.0039*	0.0024	0.0060**	0.0024
η	0.9434***	0.0084	0.9449***	0.0075	0.9701***	0.0049
ψ	0.0563***	0.0088	0.0405***	0.0061	0.0146***	0.0051
θ	—	—	0.0997***	0.0257	0.0078	0.0183
ρ	—	—	——	—	0.9749***	0.0580
φ	—	—	—	—	0.2721	0.4585
μ	—	—	−0.7472***	0.2633	−0.3925	0.3712
δ	—	—	2.3677***	0.2591	2.0016***	0.4654
L	−6489		−6407		−6386	
AIC	12988		12830		12791	
BIC	13019		12879		12853	
LR	206.80***		42.72***		—	

　　图 5 - 1 给出了 GARCH-ARJI 模型下,标准普尔 500 指数期货和沪深 300 指数跳跃强度估计值的时间序列。我们可以看到,在 21 世纪初的美国经济衰退、2008 年的美国次贷危机和 2010—2011 年的欧洲债务危机期间,标准普尔 500 指数期货价格波动幅度较大,跳跃强度达到较高的水平。

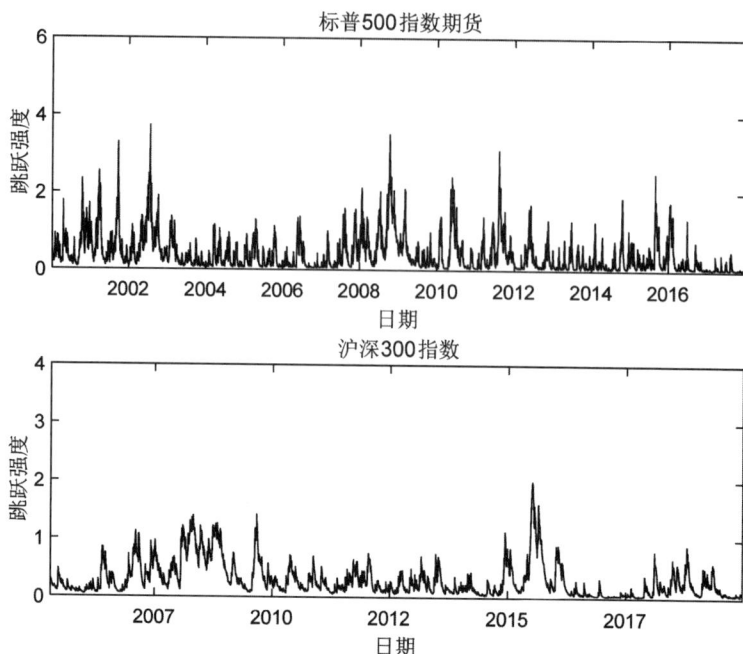

图 5 - 1   标准普尔 500 指数期货和沪深 300 指数的跳跃强度时间序列

在样本期间内,标准普尔 500 指数期货的平均跳跃强度为 0.4109,这意味着在一个交易日至少发生 1 次跳跃的概率为

$$1-\exp(-0.4109)=0.3370.$$

该结果与 Miao *et al.* (2014)的研究结果比较接近。他们基于高频数据和采用非参数跳跃诊断方法,发现在 2001 年 1 月—2010 年 12 月期间,至少出现 1 次显著跳跃的天数占总交易天数的 20%。但该估计值远大于 Pan (2002)、Yan (2011)和 Christoffersen *et al.* (2012b)利用标准普尔 500 指数期权数据得到的平均跳跃强度估计值。他们的实证结果表明,标准普尔 500 指数平均每年仅跳跃 1 次,跳跃幅度的均值和标准差分别为-3%和 4%左右。由表 5 - 2 我们可以看到,GARCH-ARJI 模型下,跳跃幅度的均值和标准差分别为-1.02%和0.43%。因此,与使用期权数据检测跳跃的模型相比,ARJI 模型的跳跃强度,即跳跃的概率更高,但跳跃幅度的均值和标准差更低。即使用期权数据的

方法倾向于检测非常大和罕见的价格跳跃,而 ARJI 模型和高频数据法则检测相对较小且频繁的价格跳跃。

图 5-1 的下半部分显示的是沪深 300 指数跳跃强度的时间序列。我们可以看到,在 2008 年的金融危机以及 2015 年的股灾期间,沪深300 指数均具有较高的跳跃强度,反映了突发事件影响下资产价格的极端变动。同样,我们可以计算得到样本区间内沪深 300 指数的平均跳跃强度为 0.3078,表明在 1 个交易日至少发生 1 次跳跃的概率为0.2649。

图 5-2 分别显示的是标准普尔 500 指数期货在 GARCH 模型、GARCH-CJI 模型和 GARCH-ARJI 模型下求得的条件方差的时间序列。我们可以看到,对于不同的模型,标准普尔 500 指数期货的条件方差具有类似的趋势,尤其是在 2008 年次贷危机期间,条件方差均达到较高的峰值。比较上述 3 个模型,GARCH 模型下的条件方差在 2008年 10 月 16 日达到峰值 35.05×10^{-4},对应的年化波动率为$\sqrt{35.05 \times 10^{-4} \times 250} = 94.21\%$。GARCH-CJI 模型包含了具有恒定跳跃强度的跳跃成分,在 2008 年 10 月 16 日的条件方差估计值为 30.82$\times 10^{-4}$,对应的年化波动率为 87.78%。最后,GARCH-ARJI 模型的跳跃强度是时变的,在 2008 年 10 月 16 日的条件方差为 15.89×10^{-4},对应的年化波动率为 63.04%。

芝加哥期权交易所基于标准普尔 500 指数期权构建了一个波动率指数,即 VIX,反映了投资者在未来 1 个月对市场波动的预期。在2008 年 10 月 16 日,VIX 收盘点位是 67.61。所以,GARCH 模型和GARCH-CJI 模型下得到的波动率要高于 VIX 收盘价,而 GARCH-ARJI 模型的预测波动率要低于 VIX 指数。以往研究表明,期权隐含波动率高于标的资产已实现波动率(Bollerslev *et al.*,2009;Carr &Wu,2009),即期权卖方因为承担波动率风险,需要有额外的方差风险补偿。GARCH-ARJI 模型通过将收益率冲击分解为平缓变动的冲击和离散跳跃的冲击,分别考虑 2 种冲击对资产价格波动的影响,从而得到了更加合理的波动率预测。而 GARCH 模型和 GARCH-CJI 模型得到的条件方差由于没有分离平缓价格变动和时变的跳跃价格变动，导致在市场受到突发事件冲击的时候，过高得估计了条件方差。

最后，经过计算我们可以得到，在 GARCH-ARJI 模型下，由跳跃波动带来的方差占总方差的比例为 42.63%，即资产价格的跳跃变动是造成标准普尔 500 指数期货价格波动的重要因素。

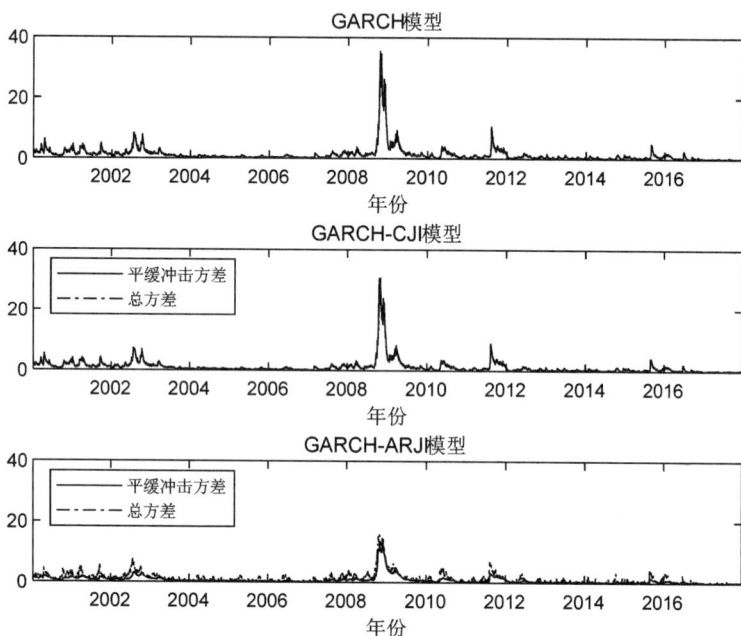

图 5 - 2　标准普尔 500 指数期货在不同模型下的条件方差

图 5 - 3 分别显示的沪深 300 指数在 GARCH 模型、GARCH-CJI 模型和 GARCH-ARJI 模型下的条件方差时间序列。同标准普尔 500 指数期货类似，我们可以看到对于不同的模型，沪深 300 指数的条件方差有类似的趋势。并且，由于将收益率冲击分解为平缓变动的冲击和跳跃变动的冲击，同时考虑了跳跃的时变特征，因而在突发事件影响下，GARCH-ARJI 模型得到的总方差要低于其他模型的总方差。例如，在 2015 年 7 月 13 日，3 个模型的条件波动率均达到最高值，分别

为 17.25×10^{-4}, 12.84×10^{-4} 和 10.39×10^{-4}, 对应的年化波动率分别为 65.66%、56.66% 和 50.96%。同时,在 GARCH-ARJI 模型下,沪深 300 指数跳跃成分导致的方差占资产价格波动总方差的比例为 24.96%,小于标准普尔 500 指数期货对应的比例。

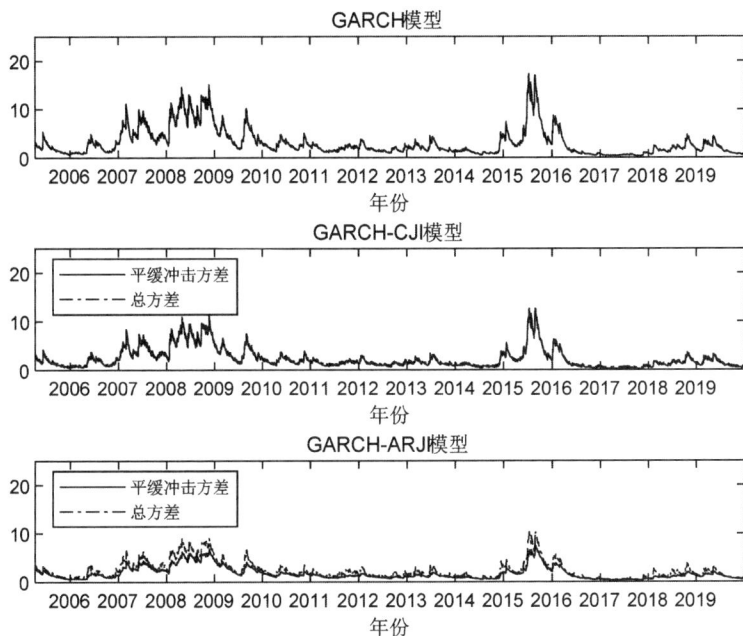

图 5 - 3 沪深 300 指数在不同模型下的条件方差

5.3.3 动态投资组合权重

为了降低交易成本以及规避做空限制,我们假设投资者交易的风险资产为标准普尔 500 股指期货。我们通过求解动态最优投资组合问题考察跳跃强度及其动态特征是如何影响投资者的最优投资组合决策。

我们首先研究跳跃强度作为状态变量如何影响最优风险资产权重。假定初始跳跃强度可以为 0.05、0.5 或 1,分别对应于平均每 20 天、每 2 天或每 1 天,风险资产价格会发生一次较大的跳跃。其余两个状态变量,包括资产收益率的条件均值和条件方差,我们设置为等于它们的样本平均值。

　　我们采用 5.3 节介绍的方法求解动态最优投资组合,其中投资期限可以为 1 天、5 天或 20 天,投资者风险厌恶系数为 2 或 10。表 5 - 4 的面板 A 给出了最优风险资产权重,我们发现当跳跃强度增加时,风险厌恶的投资者会降低其在风险资产中的投资比例。由于表 5 - 2 给出的估计结果显示资产价格跳跃幅度的均值为 -1.0204,因而面板 A 的结果表明更频繁的负向跳跃使得风险资产对风险厌恶型投资者的吸引力降低。

表 5 - 4　动态投资组合和确定性等价收益率

	$\gamma=2$			$\gamma=10$		
	$\lambda=0.05$	$\lambda=0.5$	$\lambda=1$	$\lambda=0.05$	$\lambda=0.5$	$\lambda=1$
Panel A:风险资产权重						
$T=1$	1.0313	0.8379	0.6184	0.1992	0.1333	0.0743
$T=5$	1.0863	0.9029	0.6630	0.2198	0.1576	0.0916
$T=20$	1.1051	0.9179	0.6674	0.2273	0.1636	0.0923
Panel B:确定性等价收益率						
$T=1$	2.2812	2.4931	1.9787	0.4558	0.4775	0.3305
$T=5$	13.2180	16.0370	15.7810	2.6839	3.2555	3.1809
$T=20$	19.4470	18.8260	17.7440	3.9649	3.8085	3.5838
Panel C:动态投资相对短视投资的收益增幅						
$T=5$	10.5330	13.8760	14.0820	2.1404	2.8259	2.8839
$T=20$	16.9720	16.8310	15.8450	3.4574	3.4044	3.2655

　　在表 5 - 4 的面板 B 中,我们报告了动态投资策略的年化确定性等价收益率(Certainty Equivalent Rates of returns,CER)。对于幂效用函数,CER 由下式给出

$$\frac{(1+CER)^{1-\gamma}}{1-\gamma} = Q(Z_t)$$

其中 $Q(Z_t)$ 为式(5.12)中定义的间接效用函数。由于风险厌恶程度越高的投资者对风险资产的投资越少,预期收益越低。从表中可以看出,CER 随着风险厌恶程度的降低而降低,这与 Brandt (2010)的结果一致。同时,CER 随着投资期限的延长而增加,表明随着投资期限的延长,投资者可以从动态交易中获得更多的好处。

最后,在面板 C 中,我们报告最优动态策略同短视策略(myopic strategy)相比,年化确定性等价收益率的增加值。结果表明,对于风险厌恶程度较低的投资者,最优动态策略的收益更为显著,年化收益率的增加值可达 10% 以上。而对于风险厌恶度较高的投资者而言,年化收益增加值约为 3%。

我们接着考察资产跳跃的动态过程对动态最优投资组合的影响。在 GARCH-ARJI 模型下,资产价格跳跃的动态性质由三个参数描述:长期均衡跳跃强度 θ,跳跃持续性参数 ρ,以及跳跃冲击参数 φ。假设初始跳跃强度可以为 0.05、0.5 或 1,投资期限从 1 天到 20 天。

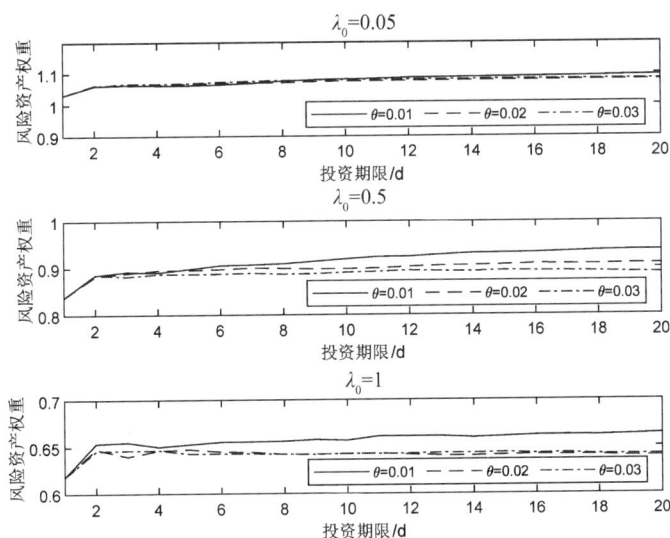

图 5-4 最优风险权重同平均跳跃幅度的关系

由于$\dfrac{\theta}{1-\rho}$表示长期均衡平均跳跃强度,所以θ的增加应当会导致风险资产权重的降低。图5-4所示的结果与我们的预期一致。我们可以看到,对于不同的初始跳跃强度,θ从0.01增加到0.03,都会导致风险资产权重的降低。

由图5-5我们可以看到,跳跃持续性参数ρ对最优权重的影响取决于初始跳跃强度。一方面,如果初始跳跃强度相对较低,较大的ρ表示未来低跳跃强度有较大可能性将持续存在,从而导致投资者提高风险资产的权重。另一方面,如果初始的跳跃强度很高,那么较大的ρ就意味着未来较高的跳跃强度可能持续存在。在这种情况下,投资者将降低风险资产的权重。

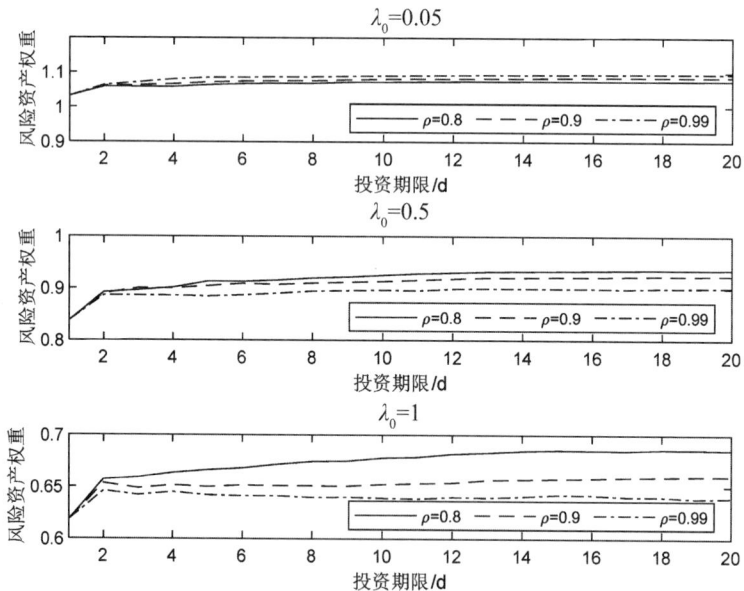

图5-5　最优风险资产权重与跳跃持续性参数的关系

最后,图5-6给出了跳跃冲击参数φ对风险资产权重的影响。由式(5.6),即跳跃强度的动态过程我们可以看到,当我们采用蒙特卡洛模拟法生成样本路径的时候,由于跳跃冲击项的条件期望为0,所以跳跃强度的条件期望不会依赖于跳跃冲击项系数 φ。所以图 5 – 6 显示跳跃冲击参数 φ 对风险资产权重不存在单调性影响。

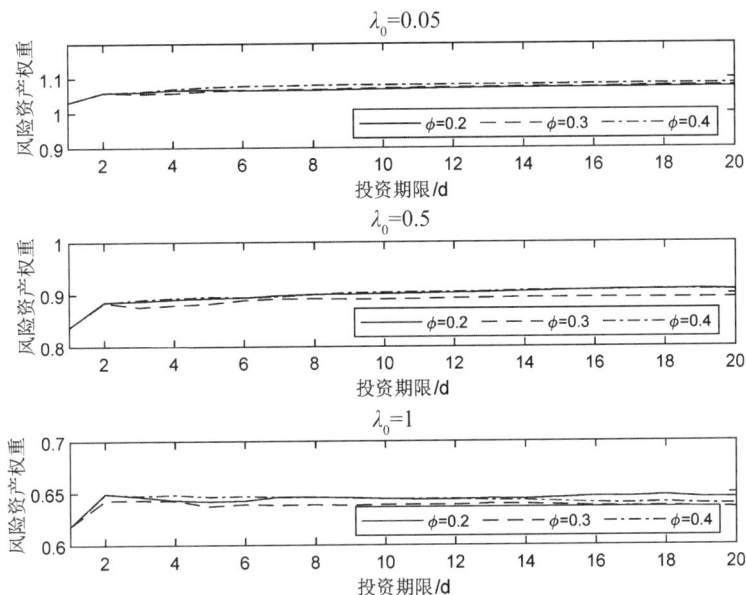

图 5 – 6　最优风险资产权重与跳跃冲击系数的关系

5.3.4　样本外绩效

为了检验动态跳跃风险对投资者资产配置的重要性,我们比较 GARCH-ARJI 模型同 GARCH 模型和 GARCH-CJI 模型的样本外绩效。我们首先利用 2006 年 12 月 27 日之前的数据来估计 GARCH-ARJI 模型的参数,并基于当天的资产收益率、方差和跳跃强度,计算未来一天收益率的均值、方差和跳跃强度的预测值。基于这 3 个状态变量,我们采用模拟仿真的方法来求解动态投资组合问题。当时间滚动到第二天并且有新的观测值时,我们基于滚动窗口法估计模型参数。对于 GARCH 模型和 GARCH-CJI 模型,我们同样采用模拟仿真的方法求解动态最优投资组合问题。由于跳跃强度为 0 或者恒定不变,因而上述两个模型的的状态变量只有 2 个,包括下一期收益率的条件均值和条件方差。

　　投资组合绩效评价指标包括组合收益率的年化平均值、标准差(SD)、夏普比率(SR)和年化确定性等价收益率(CER)。此外,为了评估 GARCH-ARJI 模型的投资绩效是否显著高于其他模型的投资绩效,我们按照 DeMiguel *et al.* (2009)的方法,采用 bootstrapping 方法来计算模型绩效指标差异的 p 值。表 5 – 5 给出了当风险厌恶程度为 2 的时候,GARCH 模型、GARCH-CJI 模型和 GARCH-ARJI 模型的样本外绩效。同时,我们还加入了 50/50 投资组合策略,即风险资产和无风险资产的投资权重均为 50%。

表 5 – 5　不同模型的样本外绩效($\gamma = 2$)

	均值	标准差	夏普比	CER
投资期限 1 天				
GARCH-ARJI 模型	31.9072	42.0175	0.7608	13.9903
GARCH 模型	53.2658	72.8430	0.7341	−3.2228
	(0.9594)	(1.0000)	(0.4292)	(0.1057)
GARCH-CJI 模型	54.2100	65.7874	0.8268	8.7661
	(0.9848)	(1.0000)	(0.6801)	(0.3286)
50/50 组合	3.7154	9.8879	0.3757	2.7368
	(0.0060)	(0.0000)	(0.1048)	(0.1649)
投资期限 5 天				
GARCH-ARJI	31.5876	39.6234	0.7984	15.0921
GARCH	50.4126	67.2791	0.7508	−1.5488
	(0.9999)	(1.0000)	(0.2425)	(0.0038)
GARCH-CJI	52.7881	60.3974	0.8760	9.5421
	(1.0000)	(1.0000)	(0.8700)	(0.1816)
50/50	3.6668	8.7569	0.4202	2.8906
	(0.0000)	(0.0000)	(0.0040)	(0.0082)

（续表）

	均值	标准差	夏普比	CER
投资期限 20 天				
GARCH-ARJI	30.3235	37.2668	0.8139	16.3562
GARCH	46.7912	64.6359	0.7242	1.7500
	(1.0000)	(1.0000)	(0.0032)	(0.0000)
GARCH-CJI	50.0796	56.7987	0.8822	12.3948
	(1.0000)	(1.0000)	(0.9749)	(0.0913)
50/50	3.5512	8.0035	0.4448	2.8906
	(0.0000)	(0.0000)	(0.0000)	(0.0000)

由表中结果我们可以看到,与不考虑跳跃风险的 GARCH 模型相比,GARCH-ARJI 模型更为保守。对于不同的投资期限,GARCH-ARJI 模型的样本外收益率具有更低的均值和标准差。当投资期限为 1 天时,GARCH-ARJI 模型的年化夏普比为 0.7608,高于 GARCH 模型的年化夏普比 0.7341。然而,两者差异的 p 值为 0.4292,即两者的差异在统计上不显著。当投资期限为 20 天时,GARCH-ARJI 模型的夏普比率显著高于 GARCH 模型。另外,GARCH-ARJI 模型的 CER 为 13.9903,远高于 GARCH 模型的 CER,后者为 -0.3328,且两者差值的 p 值为 0.1057。当投资期限为 5 天或 20 天时,GARCH-ARJI 模型的 CER 显著高于 GARCH 模型。

对于不同的投资期限,GARCH-CJI 模型的样本外收益率的均值和标准差均显著高于 GARCH-ARJI 模型。GARCH-ARJI 模型的年化夏普比率低于 GARCH-CJI 模型,但是当投资期限为 1 天或 5 天时两者的差异并不显著,而当投资期限为 20 天时差异变得显著。另外,GARCH-ARJI 模型比 GARCH-CJI 模型能得到更高的 CER,并且当投资期限为 20 天时,两者的差异统计意义上显著。

最后,50/50 投资组合的平均收益率和标准差均低于 GARCH-

ARJI 模型。而当使用夏普比率和 CER 作为绩效衡量指标时，GARCH-ARJI 模型可以得到比 50/50 投资组合更高的绩效。

表 5 – 6 给出了当风险厌恶程度为 10 的时候各个模型的样本外绩效。类似于表 5 – 5 的结果，由于考虑了时变的跳跃风险，GARCH-ARJI 模型相对于其他模型来说表现得更为保守，其样本外收益率具有更低的均值和标准差。当投资期限为 1 天时，GARCH-ARJI 模型的年化夏普比为 0.7602，高于 GARCH 模型的年化夏普比 0.7380。然而两者差异的 p 值为 0.4414，即两者的差异在统计上不显著。当投资期限为 20 天时，GARCH-ARJI 模型的夏普比率为 0.8780，在 10% 的水平上显著性高于 GARCH 模型的夏普比率 0.8244。当投资期限为 1 天时，GARCH-ARJI 模型的 CER 为 2.8089，高于 GARCH 模型的 CER，后者为 -0.2946，且两者差值的 p 值为 0.1185。当投资期限为 5 天或 20 天时，GARCH-ARJI 模型的 CER 至少以 5% 的显著性水平高于 GARCH 模型。

同 GARCH-CJI 模型相比，GARCH-ARJI 模型下的样本外收益率具有更小的均值、标准差和夏普比率。尽管两个模型的夏普比率在投资期限为 1 天或 5 天的时候差异并不显著，然而当投资期限为 20 天的时候，GARCH-CJI 模型的夏普比率要显著高于 GARCH-ARJI 模型下的夏普比率。最后，当以 CER 作为绩效评价指标，我们发现尽管 GARCH-ARJI 模型能够得到比 GARCH-CJI 模型更高的 CER，但是差异并不显著。

最后，同 50/50 投资组合相比，GARCH-ARJI 模型的样本外收益率具有更高的均值和更低的波动率。因而 GARCH-ARJI 模型的夏普比率要高于 50/50 投资组合，并且两者的差异是显著的。同时，如果以 CER 作为绩效评价指标，GARCH-ARJI 模型可以得到比 50/50 投资组合显著更高的 CER 值。

表 5 - 6　不同模型的样本外绩效($\gamma = 10$)

	均值	标准差	夏普比	CER
投资期限 1 天				
GARCH-ARJI	6.4032	8.4393	0.7602	2.8089
GARCH	10.7066	14.5631	0.7380	−0.2946
	(0.9584)	(1.0000)	(0.4414)	(0.1185)
GARCH-CJI	10.9195	13.2331	0.8278	1.9002
	(0.9843)	(1.0000)	(0.6878)	(0.3468)
50/50	3.7154	9.8879	0.3757	−1.1817
	(0.1627)	(1.0000)	(0.0990)	(0.0768)
投资期限 5 天				
GARCH-ARJI	6.5718	8.1087	0.8120	3.1388
GARCH	10.7392	13.7630	0.7823	0.1580
	(0.9999)	(1.0000)	(0.3332)	(0.0103)
GARCH-CJI	11.1448	12.5604	0.8903	1.9636
	(1.0000)	(1.0000)	(0.8736)	(0.2050)
50/50	3.6668	8.7569	0.4202	−0.4242
	(0.0051)	(0.9926)	(0.0025)	(0.0020)
投资期限 20 天				
GARCH-ARJI	6.5313	7.4419	0.8780	3.7027
GARCH	10.5357	12.7872	0.8244	1.6540
	(1.0000)	(1.0000)	(0.0515)	(0.0002)
GARCH-CJI	11.0494	11.5227	0.9600	3.2524
	(1.0000)	(1.0000)	(0.9858)	(0.2602)
50/50	3.5512	8.0035	0.4448	−0.1382
	(0.0000)	(0.9903)	(0.0000)	(0.0000)

在表 5 - 7 中,我们进一步计算了扣除交易成本后各个模型的样本

外表现。令 W_t, P_t 和 $R_{p,t}$ 分别表示 t 时刻的财富、标准普尔 500 指数期货价格和不考虑交易成本时投资组合的总回报。假设标准普尔 500 指数期货的交易成本是每指数点为 c 美元，那么扣除交易成本后 $t+1$ 时刻的财富可以写为

$$W_{t+1} = W_t R_{p,t+1} - c \left| \frac{W_t R_{p,t+1} \omega_{t+1}^*}{P_{t+1}} - \frac{W_t \omega_t^*}{P_t} \right|$$

其中 ω_t^* 表示 t 时刻最优风险资产权重。所以扣除交易成本以后，投资组合的总收益率可以写作

$$\tilde{R}_{p,t+1} = \frac{W_{t+1}}{W_t} = R_{p,t+1} - c \left| \frac{R_{p,t+1} \omega_{t+1}^*}{P_{t+1}} - \frac{\omega_t^*}{P_t} \right|$$

按照 Fleming *et al*. (2001)的假设，假定标准普尔 500 指数期货的买卖价差和往返佣金成本为每指数点 0.10 美元。表 5 - 7 和表 5 - 8 分别给出了扣除交易成本以后各个模型在 $\gamma = 2$ 和 $\gamma = 10$ 的投资绩效。我们可以看到，表中结果同表 5 - 5 和表 5 - 6 中的结果非常一致。

表 5 - 7　考虑交易成本后不同模型的样本外表现($\gamma = 2$)

	均值	标准差	夏普比	CER
投资期限 1 天				
GARCH-ARJI	27.8190	42.0000	0.6637	9.9059
GARCH	45.6620	72.8010	0.6300	−10.8140
	(0.9305)	(1.0000)	(0.4122)	(0.0636)
GARCH-CJI	47.6360	65.7500	0.7272	2.2076
	(0.9734)	(1.0000)	(0.6768)	(0.2506)
50/50	2.8618	9.8871	0.2893	1.8832
	(0.0139)	(0.0000)	(0.1107)	(0.2442)
投资期限 5 天				
GARCH-ARJI	27.5230	39.5260	0.6975	11.0810
GARCH	45.0640	67.1770	0.6723	−6.8525
	(0.9997)	(1.0000)	(0.3565)	(0.0018)

（续表）

	均值	标准差	夏普比	CER
GARCH-CJI	47.5190	60.2900	0.7901	4.3284
	(1.0000)	(1.0000)	(0.9130)	(0.1321)
50/50	3.4900	8.7564	0.4000	2.7138
	(0.0000)	(0.0000)	(0.0186)	(0.0532)
投资期限 20 天				
GARCH-ARJI	26.2220	37.0910	0.7072	12.3230
GARCH	41.6780	64.4100	0.6473	-3.2630
	(1.0000)	(1.0000)	(0.0327)	(0.0000)
GARCH-CJI	44.9270	56.6080	0.7942	7.3088
	(1.0000)	(1.0000)	(0.9947)	(0.0460)
50/50	3.4971	8.0036	0.4381	2.8364
	(0.0000)	(0.0000)	(0.0004)	(0.0000)

表 5-8　考虑交易成本后不同模型的样本外表现（$\gamma=10$）

	均值	标准差	夏普比	CER
投资期限 1 天				
GARCH-ARJI	5.5835	8.4380	0.6632	1.9890
GARCH	9.1887	14.5610	0.6338	-1.8145
	(0.9301)	(1.0000)	(0.4208)	(0.0749)
GARCH-CJI	9.5999	13.2300	0.7282	0.5807
	(0.9725)	(1.0000)	(0.6808)	(0.2666)
50/50	2.8618	9.8871	0.2893	-2.0354
	(0.1595)	(1.0000)	(0.1060)	(0.0750)
投资期限 5 天				
GARCH-ARJI	5.7579	8.0933	0.7129	2.3354
GARCH	9.6794	13.7500	0.7059	-0.8905
	(0.9999)	(1.0000)	(0.4607)	(0.0066)

（续表）

	均值	标准差	夏普比	CER
GARCH-CJI	10.0910	12.5460	0.8072	0.9229
	(1.0000)	(1.0000)	(0.9122)	(0.1560)
50/50	3.4900	8.7564	0.4000	−0.6013
	(0.0231)	(0.9937)	(0.0109)	(0.0080)
投资期限 20 天				
GARCH-ARJI	5.7226	7.4222	0.7714	2.9047
GARCH	9.5623	12.7730	0.7491	0.6934
	(1.0000)	(1.0000)	(0.2578)	(0.0002)
GARCH-CJI	10.0490	11.5100	0.8740	2.2620
	(1.0000)	(1.0000)	(0.9974)	(0.1775)
50/50	3.4971	8.0036	0.4381	−0.1937
	(0.0003)	(0.9925)	(0.0001)	(0.0001)

5.4　小结

在突发事件影响下,资产价格发生大幅跳跃变动。以往文献研究结果发现,资产价格跳跃强度是随时间变化的。本章构建 GARCH-ARJI 模型对资产收益率的动态过程建模。通过设定跳跃强度服从一阶自回归过程,该模型可以捕捉到跳跃强度的集聚效应。作为对比,本章也考虑了不考虑跳变风险的 GARCH 模型和跳跃强度设定为常数的 GARCH-CJI 模型。

基于标准普尔 500 指数期货和沪深 300 指数的实证结果表明,GARCH-ARJI 模型由于考虑了跳跃强度的时变特征,能够比 GARCH 模型和 GARCH-CJI 模型更好地拟合收益率的时间序列。同时,不管是标准普尔 500 指数期货,还是沪深 300 指数,其跳跃强度动态过程中的一阶自回归参数估计值均接近于 0.97, 且在 1% 水平上显著不为 0, 表明跳跃强度存在集聚效应, 突发事件对风险资产的价格变动会造成持续性影响。

同时, 我们发现资产价格的跳跃行为对投资者的动态最优投资组合有重要影响, 跳跃强度作为状态变量是影响投资者投资决策的重要因素。当平均跳跃幅度为负时, 跳跃强度增大会导致投资者降低风险资产的权重。

我们接着研究了跳跃强度的动态过程对动态最优投资组合的影响。实证结果表明, 风险资产权重会随着长期均衡跳跃强度 θ 的增加而减少, 而跳跃持续性参数 ρ 对风险资产权重的影响取决于初始的跳跃强度。如果初始跳跃强度较低, 则较大的 ρ 表示未来低跳跃强度有较大可能性将持续存在, 从而导致投资者提高风险资产的权重。另一方面, 如果初始的跳跃强度很高, 那么较大的 ρ 就意味着未来较高的跳跃强度可能持续存在。在这种情况下, 投资者将降低风险资产的权重。最后, 跳跃冲击参数 φ 与风险资产权重之间不存在简单的单调关系。

在样本外绩效评估分析中, 我们发现同 GARCH 模型、GARCH-CJI 模型和等权投资组合相比, GARCH-ARJI 模型能够得到更高绩效和确定性等价收益率, 并且上述结果即使考虑交易成本也是成立的。

6 资产联动跳跃下的均值方差组合

6.1 引言

在系统性突发事件的影响下,不同资产的价格可能会同时出现极端的价格变动。Das and Uppal(2004)在资产配置问题中考虑了多个资产价格的联动跳跃,研究了当不同资产的收益率具有相同的跳过程时风险厌恶投资者的最优资产配置策略。他们的研究结果表明,由于各个国家市场价格的同向联动,导致国际市场存在较大的系统性风险。受系统性风险影响,投资者通过分散投资所获得的收益会减少,而通过杠杆融资的投资者则会遭受较大损失。Chan and Young(2006),Chan(2008)和Chan(2009)假设标的资产同期货价格具有相同的跳过程,研究了期货的最优套期保值策略。实证结果表明,同其他常用的套期保值模型相比,该模型得到的套期保值组合无论在样本内还是在样本外都具有更小的方差。

本章首先构建多个资产的联动跳跃动态模型,在此基础上求解均值方差投资组合问题。本章从以下 2 个方面放宽了 Das and Uppal(2004)的假设。首先,Das and Uppal(2004)假设多个资产的价格跳跃受同一跳跃过程驱动,而本章的研究放宽了这一假设,允许不同资产的价格可以同步跳跃,也可以独立地跳跃。同步跳跃能够刻画系统性突发事件造成的资产价格的联动跳跃,而个体跳跃反映的是风险资产的特质跳跃风险。另外,Das and Uppal(2004)假设资产价格的跳跃强度是恒定不变的,而本章放宽了这个假设,允许资产的跳跃强度是时变的。我们发现,允许时变的跳跃强度有助于提高投资组合绩效。

为了降低交易成本以及避免卖空约束,本文的实证研究基于 2 种美元标价的期货合约,即在芝加哥商品交易所(Chicago Mercantile Exchange Holdings,CME)交易的标准普尔 500 指数期货和日经 225 指数期货。为了刻画 2 种期货合约联动跳跃动态过程,我们构建了一个 2 变量 BAJI(Baba-Engle-Kraft-Kroner with Autoregressive Jump Intensity)模型(Chan,2004;Lee & Cheng,2007)。实证结果表明,2 种资产的同步跳跃强度和个体跳跃强度都是时变且持续的。标准普尔 500 指数期货在 21 世纪初美国经济衰退期间具有较高的个体跳跃强度,日经 225 指数期货的个体跳跃强度则在 20 世纪 90 年代日本经济衰退期间处于较高的水平。2008 年美国次贷危机期间,这 2 种期货的个体跳跃强度相对较低,但共同跳跃强度较大,表明美国次贷危机作为系统性突发事件,对标准普尔 500 指数期货价格和日经 225 指数期货价格都造成了较大的冲击。

我们基于 Markowitz(1952)的均值—方差框架来求解投资组合优化问题。为了检验在均值—方差投资组合决策中考虑时变跳跃强度是否重要,除了 BAJI 模型,我们考虑了其他 3 种模型,包括假定协方差矩阵为常数的静态模型,不考虑跳跃风险的 BEKK(Baba-Engle-Kraft-Kroner)模型(Engle & Kroner 1995)和假定跳跃强度为常数的 BCJI(Baba-Engle-Kraft-Kroner with Constant Jump Intensity)模型。样本内和样本外结果表明,考虑时变跳跃强度的 BAJI 模型比其他 3 个模型表现更好,能够得到更高的夏普比率。考虑交易成本后,BAJI 模型的夏普比率仍然最高。基于 bootstrapping 方法,我们发现随着期望收益参数不确定性水平的降低,BAJI 模型同其他模型相比能够获得更高的绩效。

本章第二节介绍了均值—方差框架下的投资组合模型以及 BAJI 模型,第三节实证比较了各个模型的样本内和样本外绩效,第四节为小结。

6.2　多资产的联动跳跃模型和均值方差问题

6.2.1　均值方差最优投资组合

令 R_t 表示 $t-1$ 时刻至 t 时刻 $n\times 1$ 维列向量，R_t 的期望值和条件方差分别记作 $\mu=E(R_t)$ 以及 $\sum_t=\sum_{t|t-1}=E[(R_t-\mu)(R_t-\mu)'\mid I_{t-1}]$，其中 I_{t-1} 代表 $t-1$ 时刻可用的信息集。假设风险资产在 $t-1$ 时刻的投资权重为 $n\times 1$ 维列向量 ω_{t-1}，那么 $t-1$ 时刻至 t 时刻投资组合权重 $R_{p,t}$ 可以写作：

$$R_{p,t}=\omega'_{t-1}R_t+(1-\omega'_{t-1}1)R_f$$

其中1代表 $n\times 1$ 维，各个元素均取值为 1 的列向量，R_f 为无风险收益率。

按照 Markowitz（1952）的做法，假设投资者希望在给定的目标期望收益率约束下，最小化投资组合的方差，即投资者求解以下最优问题：

$$\min_{\omega_{t-1}} \omega'_{t-1}\sum_t\omega_{t-1} \tag{6.1}$$

$$s.t.\ \omega'_{t-1}\mu+(1-\omega'_{t-1}1)R_f=\mu_p \tag{6.2}$$

其中 μ_p 为目标期望收益率。

在期货的持有成本定价模型下，期货的收益率等于标的资产收益率减去无风险收益率。所以式（6.1）和（6.2）可以重新写作

$$\min_{\omega_{t-1}} \omega'_{t-1}\sum_t\omega_{t-1} \tag{6.3}$$

$$s.t.\ \omega'_{t-1}\mu=\mu_p \tag{6.4}$$

其中 μ 和 $\sum_t$ 分别代表期货合约收益率的均值和协方差矩阵。显然，问题的解可以写作

$$\omega_{t-1}=\frac{\mu_p\sum_t^{-1}\mu}{\mu'\sum_t^{-1}\mu} \tag{6.5}$$

在式（6.5）中，我们有 2 个未知参数，即期望收益率 μ 以及条件协

方差阵 $\sum_t$ 需要估计。Chopra (1993)指出,在均值方差框架下,风险资产的权重对预期收益率的变动非常敏感。因而本章我们按照 Fleming et al. (2001)的做法,首先令 μ 等于样本内收益率的无条件均值。在后续的分析中,我们基于 bootstrapping 方法考察参数 μ 的不确定性如何影响投资者的最优投资组合。

本章我们假设投资组合包含 2 个期货合约,我们采用以下 4 种方法对条件协方差矩阵 $\sum_t$ 进行估计,包括静态模型、BEKK 模型、BCJI 模型以及 BAJI 模型。静态模型利用样本内数据估计样本协方差,即

$$\sum{}_t = \sum = \sum_{t=1}^{T} \left[(R_t - \mu)(R_t - \mu)^{'} \right]$$

其中 T 为样本内观测值数量。

BEKK 模型假设收益率服从多元正态分布,其协方差阵是时变的 $\sum_t = H_t$,其中 H_t 服从由式(6.7)给出的 BEKK 过程。以往文献,如 Fleming et al. (2001)、Fleminga et al. (2003)以及 Chou and Liu (2010)指出,根据波动率变动动态调整投资组合权重有利于提高投资组合的绩效。

BCJI 模型设定收益率的冲击包含 2 个分量:一个分量服从正态分布,其协方差矩阵是时变的,且服从一个 BEKK 过程;另一个分量服从复合泊松分布,其中跳跃强度假设为不随时间变化的常数。

最后,与 BCJI 模型类似,BAJI 模型设定收益率的冲击同样包含 2 个分量:一个分量服从均值为 0 的正态分布,其中协方差阵服从 BEKK 过程;另一个分量服从复合泊松分布,但允许跳跃强度是时变的。在下一节中,我们将详细介绍 BAJI 模型的设定,并讨论如何在 BAJI 模型下计算条件协方差矩阵。

6.2.2　BAJI 模型

由于我们主要关注的是条件协方差阵的建模,所以我们令 $r_t = R_t - \mu$,$r_t = [r_{1,t}, r_{2,t}]^{'}$,其中 $r_{i,t}$ 表示第 i 个期货合约在时刻 t 减去样本均值的收益率。由于组合中包含 2 个风险资产,我们构建一个二元

BAJI 模型来刻画期货合约的动态过程。

类似于 Maheu and McCurdy（2004）和 Chan（2004），我们将 r_t 分解为 2 个当期独立的部分：

$$r_t = \varepsilon_t + \xi_t \qquad (6.6)$$

其中 $\varepsilon_t = [\varepsilon_{1,t}, \varepsilon_{2,t}]'$ 表示平缓的价格变动，而 $\xi_t = [\xi_{1,t}, \xi_{2,t}]'$ 代表受突发事件影响产生的价格跳跃。假定 ε_t 服从均值为 0 的二元正态分布，其协方差 H_t 为时变的，服从一个 BEKK(1,1) 过程

$$H_t = CC' + A' r_{t-1} r'_{t-1} A + B' H_{t-1} B \qquad (6.7)$$

其中 A 和 B 为 2 个 2×2 的参数矩阵，C 是下三角矩阵。

按照 Chan（2004）的做法，我们假定跳跃冲击项 ξ_t 为补偿复合泊松过程，即

$$\xi_{1,t} = \sum_{k=1}^{n1,t} J_{1,k} - E(n_{1,t})\theta_1 \qquad (6.8)$$

$$\xi_{2,t} = \sum_{k=1}^{n2,t} J_{2,k} - E(n_{2,t})\theta_2 \qquad (6.9)$$

其中 $J_k = [J_{1,k}, J_{2,k}]'$ 是一个跳跃幅度的二元随机向量，服从均值为 $\theta = (\theta_1, \theta_2)$，协方差阵为 Γ 的二元正态分布，其中

$$\Gamma = \begin{bmatrix} \delta_1 & \rho_J \sqrt{\delta_1 \delta_2} \\ \rho_J \sqrt{\delta_1 \delta_2} & \delta_2 \end{bmatrix}$$

我们假设当 $m \neq n$ 时，$J_{1,m}$ 和 $J_{2,n}$ 是不相关的。随机过程 $n_{1,t}$ 和 $n_{2,t}$ 分别统计 2 个风险资产的跳跃次数。我们设定一个跳相关模型为 $n_{1,t} = N_{c,t} + N_{1,t}$，$n_{2,t} = N_{c,t} + N_{2,t}$，其中 $N_{c,t}$ 统计了 2 个资产的共同跳跃，$N_{1,t}$，$N_{2,t}$ 则分别统计 2 个资产各自的跳跃次数。假设 $N_{c,t}$，$N_{1,t}$ 和 $N_{2,t}$ 是相互独立的泊松过程，它们的跳跃强度是时变的，分别记作 $\lambda_{c,t}$，$\lambda_{1,t}$ 和 $\lambda_{2,t}$。所以 2 个资产的跳跃次数 $n_{1,t}$ 和 $n_{2,t}$ 都是泊松过程，它们的跳跃强度为

$$E(n_{1,t}) = E(N_{c,t} + N_{1,t}) = \lambda_{c,t} + \lambda_{1,t}$$

$$E(n_{2,t}) = E(N_{c,t} + N_{2,t}) = \lambda_{c,t} + \lambda_{2,t}$$

而 $\lambda_{c,t}$、$\lambda_{1,t}$ 和 $\lambda_{2,t}$ 的动态跳跃过程设定为

$$\lambda_{M,t}=\lambda_{M,0}+\rho_M\lambda_{M,t-1}+\varphi_M\eta_{M,t-1}, M=c,1,2 \qquad (6.10)$$

其中自回归系数 ρ_M 是衡量跳跃强度持续性的参数,能够刻画重大事件对金融市场的持续性影响。

跳跃冲击项 $\eta_{M,t-1}$ 定义为

$$\eta_{M,t-1}=E(N_{M,t-1}\,|\,I_{t-1})-\lambda_{M,t-1}$$

其中 $E(N_{M,t-1}\,|\,I_{t-1})$ 是基于信息集 I_{t-1} 对跳跃次数 $N_{M,t-1}$ 的事后估计,而 $\lambda_{M,t-1}=E_{t-2}(N_{M,t-1})$ 是基于信息集 I_{t-2} 对 $N_{M,t-1}$ 的事前预测。两者之差,即 $\xi_{M,t-1}$,代表当 $t-1$ 时刻新的信息可用时,跳跃次数 $N_{M,t-1}$ 估计值的更新。此外,Maheu and McCurdy(2004)指出,$\xi_{M,t-1}$ 是一个定义在信息集 I_t 上的鞅,并且满足当 $s\neq t$ 时有 $cov(\xi_{M,s},\xi_{M,t})=0$。在设定一个动态过程的冲击项时,满足上述条件是一个非常好的性质。为了保证式(6.10)中的 $\lambda_{M,t}$ 是正的,我们对式(6.10)中的参数设定了以下约束条件:$\lambda_M,\rho_M,\varphi_M\geqslant0$,以及 $\rho_M\geqslant\varphi_M$。

6.2.3 BAJI 模型的估计方法

我们采用极大似然估计法估计 BAJI 模型。模型的对数似然函数可以写作

$$L=\sum_{t=1}^{T}\log(q(r_t\,|\,I_{t-1}))$$

其中 $q(r_t\,|\,I_{t-1})$ 为 r_t 的条件概率密度函数,其表达式为

$$q(r_t\,|\,I_{t-1})=\sum_{i=0}^{+\infty}\sum_{j=0}^{+\infty}\sum_{k=0}^{+\infty}q(r_t\,|\,N_{c,t}=i,N_{1,t}=j,N_{2,t}=k,I_{t-1})$$
$$\Pr(N_{c,t}=i\,|\,I_{t-1})\Pr(N_{1,t}=j\,|\,I_{t-1})\Pr(N_{2,t}=k\,|\,I_{t-1})$$

给定 $N_{c,t}=i,N_{1,t}=j,N_{2,t}=k$,由式(6.6),$r_t$ 可以写作

$$r_t\,|\,\{N_{c,t}=i,N_{1,t}=j,N_{2,t}=k\}=\varepsilon_t+\tilde{\xi}_t$$

其中

$$\tilde{\xi}_t^{(i,j,k)} = \begin{bmatrix} \tilde{\xi}_{1,t}^{(i,j,k)} \\ \tilde{\xi}_{2,t}^{(i,j,k)} \end{bmatrix} = \begin{bmatrix} \sum_{m=1}^{i+j} J_{1,m} - (\lambda_{c,t} + \lambda_{1,t})\theta_1 \\ \sum_{n=1}^{i+k} J_{2,n} - (\lambda_{c,t} + \lambda_{2,t})\theta_2 \end{bmatrix}$$

所以 r_t 的条件密度函数为

$$q(r_t \mid N_{c,t}=i, N_{1,t}=j, N_{2,t}=k, I_{t-1})$$
$$= \frac{1}{2\pi} |H_{k,t}|^{-1/2} \exp\left[-\frac{1}{2}(r_t-\mu_{k,t})' H_{k,t}^{-1}(r_t-\mu_{k,t})\right]$$

其中

$$\mu_{k,t} = E(r_t \mid N_{c,t}=i, N_{1,t}=j, N_{2,t}=k, I_{t-1}) = \begin{bmatrix} (i+j-\lambda_{c,t}-\lambda_{1,t})\theta \\ (i+k-\lambda_{c,t}-\lambda_{2,t})\theta \end{bmatrix}$$

$$H_{k,t} = var(r_t \mid N_{c,t}=i, N_{1,t}=j, N_{2,t}=k, I_{t-1}) = H_t + \tilde{\Delta}_t^{(i,j,k)}$$

上式中，$H_t = var(\varepsilon_t \mid I_{t-1})$ 代表平缓冲击的条件协方差阵，而 $\tilde{\Delta}_t^{(i,j,k)} = var(\tilde{\xi}_t^{(i,j,k)} \mid I_{t-1})$。容易证明

$$var(\tilde{\xi}_{1,t}^{(i,j,k)} \mid I_{t-1}) = (i+j)\delta_1$$
$$var(\tilde{\xi}_{2,t}^{(i,j,k)} \mid I_{t-1}) = (i+k)\delta_2$$

同时，由于当 $m \neq n$ 时我们有 $cov(J_{1,m}, J_{2,n})=0$，所以 $cov(\tilde{\xi}_{1,t}^{(i,j,k)}, \tilde{\xi}_{2,t}^{(i,j,k)})$ 可以写作

$$cov\left(\sum_{m=1}^{i+j} J_{1,m}, \sum_{n=1}^{i+k} J_{2,n}\right) = \sum_{m=1}^{\min(i+j,i+k)} cov(J_{1,m}, J_{2,m})$$
$$= \min(i+j, i+k)\rho\sqrt{\delta_1\delta_2}$$

注意 Chan（2004）通过以下公式计算 $cov(\tilde{\xi}_{1,t}^{(i,j,k)}, \tilde{\xi}_{2,t}^{(i,j,k)})$

$$cov\left(\sum_{m=1}^{i+j} J_{1,m}, \sum_{n=1}^{i+k} J_{2,n}\right) = \rho\sqrt{(i+j)(i+k)\delta_1\delta_2}$$

实际上是错误的。

同时，预测概率 $\Pr(N_{M,t}=k \mid I_{t-1})$，其中 $M=c,1,2$，有以下表达式

$$\Pr(N_{M,t}=k \mid I_{t-1}) = \frac{\lambda_{M,t}^{k} e^{-\lambda_{M,t}}}{k!}$$

其中跳跃强度 $\lambda_{M,t}$ 由式(6.10)给定。

最后,跳跃次数的后验期望 $E(N_{M,t} \mid I_t)$ 可以写作

$$E(N_{M,t} \mid I_t) = \sum_{k=1}^{+\infty} k \Pr(N_{M,t}=k \mid I_t)$$

由贝叶斯法则,后验概率 $\Pr(N_{M,t}=k \mid I_t)$ 为

$$\Pr(N_{M,t}=k \mid I_t) = \frac{q(r_t \mid N_{M,t}=k, I_{t-1}) \Pr(N_{M,t}=k \mid I_{t-1})}{q(r_t \mid I_{t-1})}$$

其中 $q(r_t \mid N_{M,t}=k, I_{t-1})$ 为给定 $N_{M,t}=k$ 条件下,r_t 的条件密度函数。当 $M=c$ 时,我们有

$$q(r_t \mid N_{c,t}=k, I_{t-1}) = \sum_{i=0}^{+\infty} \sum_{j=0}^{+\infty} q(r_t \mid N_{c,t}=k, N_{1,t}=i, N_{2,t}=j, I_{t-1})$$

另外,$q(r_t \mid N_{1,t}=k, I_{t-1})$ 和 $q(r_t \mid N_{2,t}=k, I_{t-1})$ 可以通过类似的公式求得。

6.2.4　BAJI 模型下的条件方差

在式(6.6)中,由于 ε_t 和 ξ_t 是当期独立的,因而 r_t 的条件协方差矩阵可以写作

$$\sum_t = var(r_t \mid I_{t-1}) = H_t + K_t \tag{6.11}$$

其中 $H_t = var(\varepsilon_t \mid I_{t-1})$ 代表平缓冲击的条件协方差,$K_t = var(\xi_t \mid I_{t-1})$ 代表跳跃冲击的条件协方差。显然,H_t 可以通过式(6.7)计算。以下命题给出 K_t 的计算方法。

命题 6.1　跳跃冲击 $\xi_t = [\xi_{1,t}, \xi_{2,t}]'$ 的条件协方差矩阵为

$$K_t = \begin{bmatrix} var(\xi_{1,t} \mid I_{t-1}) & cov(\xi_{1,t}, \xi_{2,t} \mid I_{t-1}) \\ cov(\xi_{1,t}, \xi_{2,t} \mid I_{t-1}) & var(\xi_{2,t} \mid I_{t-1}) \end{bmatrix}$$

其中

$$var(\xi_{1,t} \mid I_{t-1}) = (\lambda_{c,t} + \lambda_{1,t})(\theta_1^2 + \delta_1)$$

$$var(\xi_{2,t} \mid I_{t-1}) = (\lambda_{c,t} + \lambda_{2,t})(\theta_2^2 + \delta_2)$$

$$cov(\xi_{1,t},\xi_{2,t} \mid I_{t-1}) = [\lambda_{c,t} + E(N_m)]\rho\sqrt{\delta_1\delta_2} + \lambda_{c,t}\theta_1\theta_2$$

这里，$N_m = \min(N_{1,t}, N_{2,t})$，它的条件期望 $E(N_m)$ 可以通过下式求得

$$E(N_m) = \sum_{k>1} k \Pr(N_m = k)$$

其中

$$\Pr(N_m = k) = \Pr(N_{1,t} = k)\Pr(N_{2,t} > k) + \Pr(N_{2,t} = k)\Pr(N_{1,t} > k) + \Pr(N_{1,t} = k)\Pr(N_{2,t} = k).$$

上式中，对于 $i = 1, 2$，我们有

$$\Pr(N_{i,t} = k) = e^{-\lambda_{i,t}}\frac{\lambda_{i,t}^k}{k!}$$

$$\Pr(N_{i,t} > k) = \left(1 - \frac{\Gamma(k+1, \lambda_{i,t})}{k!}\right)$$

证明：由式(6.8)(6.9)，$\xi_{1,t}$ 和 $\xi_{2,t}$ 都为服从补偿泊松分布的随机变量，所以它们的条件方差可以写作

$$var(\xi_{1,t} \mid I_{t-1}) = (\lambda_{c,t} + \lambda_{1,t})(\theta_1^2 + \delta_1),$$

$$var(\xi_{2,t} \mid I_{t-1}) = (\lambda_{c,t} + \lambda_{2,t})(\theta_2^2 + \delta_2).$$

由全方差法则，我们有

$$cov(\xi_{1,t},\xi_{2,t} \mid I_{t-1}) = E[cov(\xi_{1,t},\xi_{2,t} \mid N_{c,t}, N_{1,t}, N_{2,t}) \mid I_{t-1}]$$
$$+ cov[E(\xi_{1,t} \mid N_{c,t}, N_{1,t}), E(\xi_{2,t} \mid N_{c,t}, N_{2,t}) \mid I_{t-1}]$$

由于当 $i \neq k$ 时 $cov(J_{1,i}, J_{2,k}) = 0$，所以上式的第一项可以写为

$$E\left[cov\left(\sum_{i=1}^{N_{c,t}+N_{1,t}} J_{1,i}, \sum_{k=1}^{N_{c,t}+N_{2,t}} J_{2,k} \mid N_{c,t}, N_{1,t}, N_{2,t}\right) \mid I_{t-1}\right]$$
$$= E\left[\sum_{k=1}^{N_{c,t}+\min(N_{1,t}, N_{2,t})} cov(J_{1,k}, J_{2,k}) \mid I_{t-1}\right]$$
$$= (\lambda_{c,t|t-1} + E[N_m])\rho\sqrt{\delta_1\delta_2}$$

其中 $N_m = \min(N_{1,t}, N_{2,t})$。类似的，由于 $N_{c,t}, N_{1,t}$ 和 $N_{2,t}$ 相互独立，第二项可以通过以下公式计算

$$cov\left(E\left(\sum_{k=1}^{N_{c,t}+N_{1,t}} J_{1,k} \mid N_{c,t}\right), E\left(\sum_{k=1}^{N_{c,t}+N_{2,t}} J_{2,k} \mid N_{c,t}, N_{2,t}\right) \mid I_{t-1}\right)$$
$$= cov((N_{c,t} + N_{1,t})\theta_1, (N_{c,t} + N_{2,t})\theta_2)$$

$$=\lambda_{c,t|t-1}\theta_1\theta_2.$$

6.3 基于标普 500 指数期货和日经 225 指数期货的实证结果

6.3.1 数据

为了降低交易成本和避免卖空限制,本章我们假设投资者交易两种美元计价的股票指数期货:标准普尔 500 指数期货和日经 225 指数期货。这 2 种期货都在芝加哥商品交易所交易,它们的连续指数期货的周收盘价数据来源于 StevensAnalytics。由于日经 225 指数期货于 1990 年 9 月 25 日在芝加哥商品交易所开始交易,我们的数据样本始于 1991 年,涵盖了 1991 年 1 月—2014 年 12 月共 1240 周的数据。期货收益率为百分比收益率,即本周价格除以上一周价格再减去 1 计算。收益率的汇总统计信息见表 6-1。

由表 6-1 我们可以发现,与日经 225 指数期货相比,标准普尔 500 指数期货的收益率具有较高的均值和较低的标准差,但具有更左的偏度和更厚的尾部。由于标准正态分布的偏度为 0,峰度为 3,由 2 个期货收益率序列的样本偏度和峰度可以看出,它们都不服从正态分布,Jarque-Bera 检验在 1% 显著性水平上拒绝正态分布假设。基于 10 阶滞后的 Ljung-Box-Q 检验表明,2 个收益率序列中都存在显著的自相关。基于 10 阶滞后的 ARCH 检验表明,标准普尔 500 指数期货收益序列存在显著的 ARCH 效应。最后,2 个期货收益率序列之间线性相关系数为 0.5580,表明它们之间存在较强的相关性。

表 6-1 收益率的描述性统计

	标准普尔 500 指数期货	日经 225 指数期货
均值	0.1749	0.0254

（续表）

	标准普尔 500 指数期货	日经 225 指数期货
标准差	2.2944	3.2165
偏度	-0.5103	-0.2804
峰度	7.4556	6.3541
Ljung-Box 检验	0.0010	0.0010
ARCH 检验	0.0041	0.1687
JB 检验	0.0000	0.0000
同标准普尔 500 指数期货的相关性	1	0.5580

6.3.2 参数估计

表 6-2 中的第 2-3 列报告了 BEKK 模型的估计结果。在 BEKK 模型下，标准普尔 500 指数期货和日经 225 指数期货的波动率可以写作

$$\sigma_{1,t}^2 = c_{11}^2 + a_{11}^2 \varepsilon_{1,t-1}^2 + 2a_{11}a_{21}\varepsilon_{1,t-1}\varepsilon_{2,t-1} + a_{21}^2\varepsilon_{2,t-1}^2 + b_{11}^2\sigma_{1,t-1}^2 + 2b_{11}b_{21}\sigma_{1,t-1}\sigma_{2,t-1} + b_{21}^2\sigma_{2,t-1}^2$$

$$\sigma_{2,t}^2 = c_{21}^2 + c_{22}^2 + a_{11}^2\varepsilon_{1,t-1}^2 + 2a_{12}a_{22}\varepsilon_{1,t-1}\varepsilon_{2,t-1} + a_{22}^2\varepsilon_{2,t-1}^2 + b_{12}^2\sigma_{1,t-1}^2 + 2b_{12}b_{22}\sigma_{1,t-1}\sigma_{2,t-1} + b_{22}^2\sigma_{2,t-1}^2$$

因而，a_{11} 和 a_{22} 的参数估计分别为 0.3488 和 0.2713，在 1% 水平上显著，表明标准普尔 500 指数期货和日经 225 指数期货的价格冲击对各自下一期的波动率有显著影响。b_{11} 和 b_{22} 的参数估计分别为 0.9409 和 0.9008，接近于 1 并且在 1% 的水平上显著，表明标注普尔 500 指数期货和日经 225 指数期货均存在波动率集聚效应。由于 a_{12} 和 b_{21} 均显著不为 0，表明 2 个期货品种之间存在波动率双向溢出效应。

表 6-2 参数估计结果

	BEKK 模型		BCJI 模型		BAJI 模型	
	参数估计	标准差	参数估计	标准差	参数估计	标准差
c_{11}	0.4601***	0.0425	0.1648**	0.0656	0.0667	0.0635
c_{21}	0.8785***	0.1263	0.4898**	0.2210	0.8187***	0.2094
c_{22}	0.4765***	0.1176	0.4304**	0.1919	0.0050	24.4159
a_{11}	0.3488***	0.0234	0.2688***	0.0272	0.1663***	0.0284
a_{12}	0.0719*	0.0409	−0.0772*	0.0466	−0.0427	0.0700
a_{21}	0.0128	0.0175	0.0144	0.0166	0.0205	0.0184
a_{22}	0.2713***	0.0305	0.2918***	0.0357	0.2035***	0.0577
b_{11}	0.9409***	0.0094	0.9592***	0.0135	0.9997***	0.0114
b_{12}	0.0004	0.0192	0.0790***	0.0245	0.1432**	0.0564
b_{21}	−0.0357***	0.0110	−0.0280**	0.0119	−0.0461***	0.0147
b_{22}	0.9008***	0.0200	0.8793***	0.0238	0.8255***	0.0583
$\lambda_{1,0}$	—	—	0.0416	0.0255	0.0064*	0.0036
ρ_1	—	—	—	—	0.9901***	0.0108
φ_1	—	—	—	—	0.7907***	0.1996
$\lambda_{2,0}$	—	—	0.0882**	0.0428	0.0149*	0.0087
ρ_2	—	—	—	—	0.9625***	0.0173
φ_2	—	—	—	—	0.5638***	0.1800
$\lambda_{c,0}$	—	—	0.1238***	0.0421	0.0683***	0.0250
ρ_c	—	—	—	—	0.7878***	0.0720
φ_c	—	—	—	—	0.6385***	0.1466
θ_1	—	—	−1.7117***	0.3941	−1.4206***	0.2169
θ_2	—	—	−0.3304	0.3497	−0.9927***	0.1978
δ_1	—	—	4.9440***	0.9352	2.7347***	0.4157
δ_2	—	—	15.2527***	3.3943	6.9204***	1.0050
ρ_J	—	—	0.9990***	0.0779	0.9007***	0.0577

　　第 4—5 列提供了 BCJI 模型的估计结果。类似于 BEKK 模型的估计结果,我们可以看到在 BCJI 模型下,2 种期货收益率中平缓变动的成分,其波动率存在集聚效应和双向溢出效应。另外,标准普尔 500 指数期货的个体跳跃强度为 0.0416,统计上不显著。日经 225 指数期货的个体跳跃强度估计值为 0.0882,在 5% 的水平上显著。2 种期货的共同跳跃强度为 0.1238,在 1% 的水平上显著。平均跳跃幅度均为负值,对于服从复合泊松分布的随机变量 $X = \sum_{k=1}^{N} J_k$,其中 $N \sim Poisson(\lambda)$,$J_k \sim (\theta, \delta)$,其偏度为

$$\theta \frac{\theta^2 + 3\delta^2}{\lambda^{1/2} (\theta^2 + \delta^2)^{3/2}}$$

所以平均跳跃幅度 θ 为负表明复合泊松分布随机数的偏度为负。日经 225 指数期货跳跃幅度的波动率高于标准普尔 500 指数期货,跳跃冲击相关性估计为 0.9990,在 1% 的水平上显著,表明 2 个期货合约的跳跃幅度具有较高的相关性。

　　表 6-2 中的第 6—7 列显示了 BAJI 模型的估计结果。平缓变动部分服从 BEKK 过程,其参数估计值同 BEKK 模型和 BCJI 模型基本一致,且 2 种期货合约的波动率存在集聚效益和双向溢出效应。跳跃变动部分服从跳跃强度时变的复合泊松过程。跳跃持续性参数 ρ_1,ρ_2 和 ρ_c 的估计值分别为 0.9901、0.9625 和 0.7878,并且在 1% 的水平上显著,表明 2 个期货收益率的个体跳跃强度和共同跳跃强度都具有持续性。这与 Maheu and McCurdy (2004) 的发现一致,即跳跃强度具有集聚性,当期市场具有较高的跳跃强度,下一期市场的跳跃强度仍然会比较高。个体跳跃冲击和共同跳跃冲击的系数估计值分别为 $\varphi_1 = 0.7907$,$\varphi_2 = 0.5638$ 和 $\varphi_c = 0.6385$,并且在 1% 水平上显著。由于 BAJI 模型考虑了跳跃强度的动态变化,BAJI 模型跳跃幅度的波动率远低于 BCJI 模型。最后,跳跃幅度相关性的估计值为 0.9007,在 1% 的水平上显著,表明 2 种期货的跳跃幅度有很高的相关性。

　　图 6-1 给出了 BAJI 模型下个体跳跃强度和共同跳跃强度的时间

序列估计。上面板显示了标准普尔 500 指数期货的个体跳跃强度。我们可以看到,在 21 世纪初的美国经济衰退期间,标准普尔 500 指数期货的个体跳跃强度达到较高的水平。图 6-1 的中间面板给出了日经 225 指数期货的个体跳跃强度。我们可以发现,在 20 世纪 90 年代的日本经济衰退期间,日经指数期货的跳跃强度处于较高的水平,但在 2000 年之后趋于降低。尽管在 2008 年美国次贷危机期间,2 个期货收益率序列的个体跳跃强度相对较低,但图 6-1 的下面板显示,它们的共同跳跃强度非常高,表明美国次贷危机对标准普尔 500 指数期货和日经 225 指数期货都造成了较大的冲击。从图中可以看出,在 2004 年之前,个体跳跃强度较高,而系统性共同跳跃较低;而在 2004 年之后,个体跳跃强度较低,而系统性共同跳跃较高,即 2 个期货发生同时跳跃的可能性较高。这些结果与 Christoffersen *et al*.(2012a)的研究结果一致,他们的研究发现,美国和发达市场之间的相关性程度具有随着时间推移逐渐增加的趋势,从而导致全球市场系统性风险增加,国际投资组合风险分散效果变差。

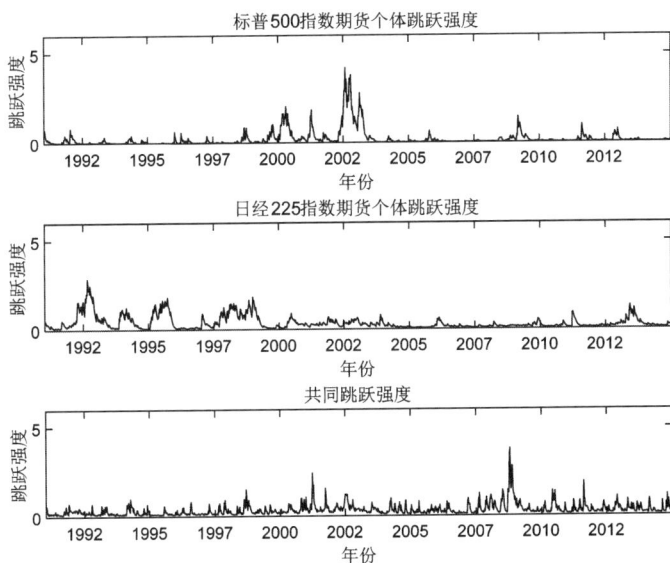

图 6-1 标准普尔 500 指数期货和日经 225 指数期货的
个体跳跃强度和共同跳跃强度

图 6 - 2 显示了在 BEKK、BCJI 和 BAJI 模型下，标准普尔 500 指数期货和日经 225 指数期货线性相关系数的时间序列。由 BEKK 模型得到的线性相关系数在 -0.1352 和 0.9642 之间较大的波动范围波动，BCJI 模型的相关系数估计也有较大的波动。相比之下，BAJI 模型的相关系数序列更加稳定。此外，图中的虚线给出了线性相关系数对时间的回归拟合线。我们可以看到 2 个合约的相关性随时间呈上升趋势，表明标准普尔 500 指数期货与日经指数期货之间的相关程度样本区间有所增加。

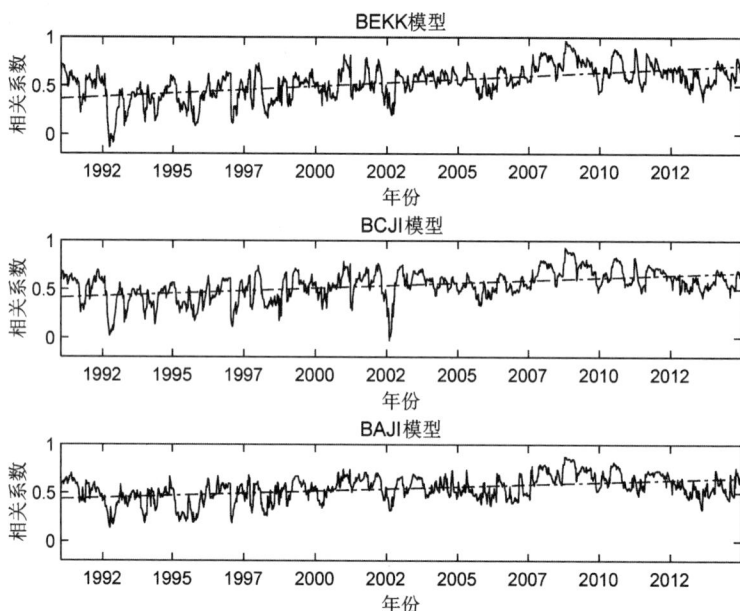

图 6 - 2　标准普尔 500 指数期货和日经 225 指数期货的相关系数

表 6 - 3 给出了 BEKK、BCJI 和 BAJI 这 3 个模型的模型设定检验。在这 3 个模型中，BAJI 模型能更好地拟合收益率序列，具有较高的对数似然值、较低的 AIC 值和 BIC 值。我们按照 Berkowitz（2001）的方法来评估不同模型的拟合优度。具体来说，Berkowitz（2001）对收益率引入了以下转换

$$z_t = \Phi^{-1}(F(r_t))$$

其中 Φ^{-1} 是标准正态分布的逆函数,且

$$F(r_t) = \int_{-\infty}^{r_t} f(u)\mathrm{d}u$$

是通过使用预测的概率密度函数 $f()$ 将观察到的期货收益转换为在 $[0,1]$ 区间均匀分布的随机变量(Rosenblatt, 1952)。如果预测的概率密度函数 $f()$ 是被正确设定的,那么 z_t 应当服从独立的标准正态分布。因此,我们首先做 Ljung-Box-Q 检验和 ARCH-LM 检验,检验 z_t 是否存在序列相关或者存在 ARCH 效应。然后我们基于 Jarque-Bera (JB)检验和 Anderson-Darling(AD)检验,考察 z_t 是否服从标准正态分布。同 JB 检验类似,AD 检验也是一种非参数化检验方法,但 AD 检验会在尾部观测值赋予更多的权重。

表 6-3 给出了各个统计检验的 p 值。对于所有的 3 个模型, Ljung-Box-Q 检验显示 z_t 不存在显著的自相关性,ARCH 检验也表明 z_t 不存在显著的 ARCH 效应。然而,JB 检验和 AD 检验的结果表明, BEKK 模型不能很好地拟合观测收益,而 BCJI 模型和 BAJI 模型都能通过 JB 检验和 AD 检验。最后,似然比检验表明,我们可以拒绝用 BEKK 或 BCJI 模型来代替 BAJI 模型的原假设。

表 6-3　模型设定检验

	BEKK 模型	BCJI 模型	BAJI 模型
LLF	-5559.6	-5453.0	-5419.3
AIC	11141	10944	10889
BIC	11197	11041	11017
Ljung-BoxQ 检验	0.4479	0.2601	0.4079
ARCHLM 检验	0.7406	0.2686	0.3868
JB 检验	0.0010	0.5000	0.1701
AD 检验	0.0000	0.5560	0.8611
LR 检验	0.0000	0.0000	

6.3.3   样本内绩效

我们根据式(6.5)计算投资组合权重。按照 Fleming $et\ al.$ (2001) 的方法，我们首先令 μ 等于样本内收益率的无条件平均值，然后在第 6.3.4 节中，我们将使用自举法(bootstrapping)评估参数 μ 的不确定性对投资组合决策的影响。协方差矩阵的估计采用以下 4 种方法，包括静态模型、BEKK 模型、BCJI 模型或 BAJI 模型。

表 6 - 4 列出了不同策略收益率的年化平均值、标准差和交易成本，其中年化的目标收益率 μ_p 在 5%～15% 之间变化。由式我们可以看到，最优权重与目标收益率 μ_p 成正比。这表明随着目标收益率的变化，最优投资组合收益的平均值和标准差会随着 μ_p 按照相同的幅度变化，从而导致不同目标收益率下投资组合的夏普比率是相同的。

通过计算，我们可以得到静态模型、BEKK 模型、BCJI 模型和 BAJI 模型的夏普比率分别为 0.6268、0.6576、0.6817 和 0.7056。我们按照 DeMiguel $et\ al.$ (2009) 的做法，使用 bootstrapping 方法来检验 BAJI 模型是否能产生比其他 3 个模型更好的绩效。计算结果表明，BAJI 模型比静态模型和 BEKK 模型具有显著更高的夏普比率，p 值分别为 0.0898 和 0.0351。BAJI 模型的夏普比率虽然高于 BCJI 模型的夏普比率，但是差异并不显著，p 值为 0.1622。

假设指数期货的买卖价差和买卖佣金为每个指数点 c_i 美元，则年化平均交易成本为

$$Cost = \frac{52}{T}\sum_{t=1}^{T-1}\sum_{i=1}^{2} c_i \left| \frac{R_{p,t+1}\omega_{i,t+1}^*}{P_{i,t+1}} - \frac{\omega_{i,t}^*}{P_{i,t}} \right|$$

其中 $R_{p,t}$ 表示 t 时刻不考虑交易成本的总投资回报率，$P_{i,t}$ 是指数期货 i 的价格。我们设定标准普尔 500 指数期货的交易成本为每个指数点 0.10 美元，日经 225 指数期货的交易成本为每个指数点 5 美元。表 6 - 4 的结果表明，年化平均交易成本随着目标收益率的增加而增加。同时，对于给定的目标收益率，静态模型的年化交易成本低于其他 3 个动

表6-4 不同模型的样本内绩效

目标收益率	静态模型			BEKK 模型			BCJI 模型			BAJI 模型		
	均值	标准差	成本	均值	标准差	成本	均值	标准差	成本	均值	标准差	成本
0.05	0.05	0.0798	0.0073	0.0504	0.0766	0.0074	0.0521	0.0764	0.0074	0.0534	0.0757	0.0074
0.06	0.06	0.0957	0.0088	0.0604	0.0919	0.0089	0.0625	0.0916	0.0089	0.0641	0.0908	0.0089
0.07	0.07	0.1117	0.0102	0.0705	0.1072	0.0104	0.0729	0.1069	0.0104	0.0748	0.1059	0.0104
0.08	0.08	0.1276	0.0117	0.0806	0.1226	0.0119	0.0833	0.1222	0.0118	0.0854	0.1211	0.0119
0.09	0.09	0.1436	0.0132	0.0907	0.1379	0.0133	0.0937	0.1375	0.0133	0.0961	0.1362	0.0133
0.1	0.1	0.1595	0.0146	0.1007	0.1532	0.0148	0.1041	0.1527	0.0148	0.1068	0.1513	0.0148
0.11	0.11	0.1755	0.0161	0.1108	0.1685	0.0163	0.1145	0.1680	0.0163	0.1175	0.1665	0.0163
0.12	0.12	0.1915	0.0176	0.1209	0.1838	0.0178	0.1250	0.1833	0.0177	0.1281	0.1816	0.0178
0.13	0.13	0.2074	0.0190	0.1310	0.1992	0.0193	0.1354	0.1986	0.0192	0.1388	0.1967	0.0193
0.14	0.14	0.2234	0.0205	0.1410	0.2145	0.0208	0.1458	0.2138	0.0207	0.1495	0.2119	0.0208
0.15	0.15	0.2393	0.0219	0.1511	0.2298	0.0222	0.1562	0.2291	0.0222	0.1602	0.2270	0.0222

态模型的年化交易成本。然而总的来说期货交易成本较小,约占已实现收益的14%。按照 Zhou *et al.*(2019)的做法,我们计算了每种模型在考虑交易成本之后的夏普比率。BAJI 模型的夏普比率为 0.6090,显著高于静态模型和 BEKK 模型,后两者的夏普比率分别为 0.5340 和 0.5611。BCJI 模型的夏普比率为 0.5847,低于 BAJI 模型,但两者的差异并不显著,对应的 *p* 值为 0.1520。

　　图 6-3 绘制了 BEKK 模型、BCJI 模型和 BAJI 模型下投资组合权重的时间序列,其中目标回报等于10%。我们可以看到,在这 3 种模型下,标准普尔 500 指数期货的头寸都是多头,而日经 225 指数期货的头寸都是空头。现金头寸大多为负值,只是在 2008 年次贷危机期间,现金头寸为正值。我们按照 Kirby and Ostdiek(2012)的方法计算各个模型下的成交金额:

$$\tau = \frac{1}{T-1} \sum_{t=1}^{T-1} \sum_{i=1}^{2} \left| \omega_{i,t}^{*} - \frac{\omega_{i,t-1}^{*}(1+R_{i,t})}{1+\omega_{t-1}^{*'}R_t} \right|.$$

BEKK 模型、BCJI 模型和 BAJI 模型的成交金额分别为 0.0575、0.0499 和 0.0556。相比之下,静态模型的成交金额相对较低,为 0.0218。

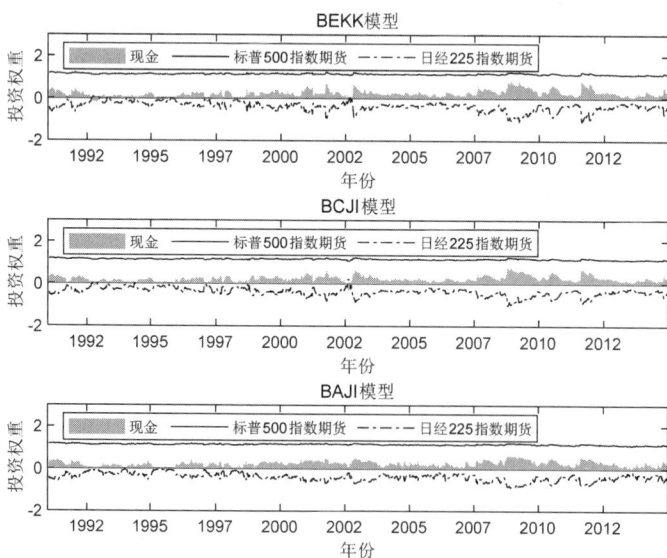

图 6-3　不同模型的投资权重

表 6-5 参数不确定对投资组合绩效的影响

k	静态模型			BEKK 模型			BCJI 模型			BAJI 模型		
	均值	标准差	夏普比	均值	标准差	夏普比	均值	标准差	夏普比	均值	标准差	夏普比
1000	0.0987	0.1771	0.5782	0.0980	0.1702	0.5999	0.1005	0.1700	0.6164	0.1028	0.1685	0.6367
2000	0.0989	0.1682	0.5963	0.0990	0.1617	0.6225	0.1016	0.1614	0.6403	0.1039	0.1600	0.6609
3000	0.1004	0.1671	0.6048	0.1008	0.1606	0.6330	0.1036	0.1603	0.6519	0.1059	0.1589	0.6726
4000	0.0999	0.1643	0.6094	0.1005	0.1578	0.6386	0.1033	0.1575	0.6581	0.1054	0.1561	0.6784
5000	0.0996	0.1629	0.6125	0.1004	0.1565	0.6428	0.1033	0.1562	0.6628	0.1055	0.1548	0.6839
6000	0.1000	0.1628	0.6146	0.1008	0.1564	0.6454	0.1037	0.1560	0.6658	0.1061	0.1546	0.6872
7000	0.1001	0.1626	0.6162	0.1010	0.1562	0.6471	0.1040	0.1558	0.6678	0.1062	0.1545	0.6891
8000	0.1001	0.1623	0.6173	0.1010	0.1559	0.6483	0.1039	0.1555	0.6692	0.1062	0.1541	0.6905
9000	0.0999	0.1616	0.6186	0.1008	0.1553	0.6499	0.1039	0.1549	0.6711	0.1062	0.1535	0.6929

6.3.4 参数不确定性的影响

按照 Fleming *et al*. (2001)的做法,我们采用 bootstrapping 方法来评估预期收益率的不确定性如何影响投资组合绩效。具体来说,给定实际的期货收益率序列,我们通过带放回抽样的方法随机抽取 k 个样本,较低的 k 意味着较高的参数不确定性。以这些抽样得到的收益率样本,而不是实际的收益率样本作为输入,我们计算收益率的期望值,求解最优投资组合,并计算投资组合的绩效指标。我们令目标收益率等于 10%,表 6-5 报告了参数不确定性 k 水平的变化如何影响最优投资组合绩效。可以发现,当 bootstrapping 样本量 k 增加时,或等价于参数不确定性程度降低时,所有的模型都会有更好的投资组合绩效,得到更高的夏普比率。同时,对于给定的 k,BAJI 模型仍然能够得到比其他模型最高的夏普比率。

6.3.5 样本外绩效

在本节,我们以 2007 年 1 月 3 日—2014 年 12 月 31 日的数据为样本外测试区间,考察静态模型、BEKK 模型、BCJI 模型和 BAJI 模型在样本外区间的投资表现。我们首先利用 2006 年 12 月 27 日之前共825 个观测值的数据来估计 BEKK 模型、BCJI 模型和 BAJI 模型的参数,在此基础上对下一周的协方差矩阵进行预测。对于静态模型,我们使用样本内这 825 个观测值计算无条件协方差矩阵。风险资产的预期收益率等于样本内收益率的平均值。根据式(6.5),我们可以得到最优均值方差投资组合权重。我们假设投资者将持有投资组合直到下周,并计算在这一周能够实现的投资组合收益。当时间到下一周,新的期货收益率观测值可用时,我们重新估计动态模型并更新协方差矩阵,并基于新的样本内收益率来计算期货预期收益率。总计有 414 个观测值可用于各个模型样本外投资绩效的比较。

我们每隔 4 周,采用 2 种方法包括扩展窗口方法和滚动窗口方法,对 3 个协方差动态模型包括 BEKK 模型、BCJI 模型和 BAJI 模型进行估计。在扩展窗口法中,我们使用所有目前可用的历史数据来估计动态模型,结果如表 6 - 6 所示。我们可以看到,与 3 类动态模型相比,静态模型具有更低的平均收益率和更高的标准差。BAJI 模型的夏普比率为 0.4293,高于静态模型、BEKK 模型和 BCJI 模型,后三者的夏普比率分别为 0.3329、0.3866 和 0.4276。但 BAJI 模型同其他 3 种模型的差异并不显著,对应的 p 值分别为 0.2409、0.2809 和 0.4910。在扣除交易成本后,这 4 种模型的夏普比率分别降至 0.2061、0.2424、0.2860 和 0.2853。

考虑到期货收益率时间序列中可能存在结构性突变,扩展窗口方法使用过去所有的历史数据对模型进行拟合,估计得到的参数可能无法很好地拟合最近的收益率数据。因此,滚动窗口法也是以往文献中经常采用的方法(DeMiguel *et al.*, 2009; Chou & Liu, 2010)。表 6 - 7 给出了基于滚动窗口法的结果,其中模型参数、收益率的均值和协方差矩阵都是使用最近的 825 个观测值进行估计。我们可以看到,对于 3 个动态协方差模型,滚动窗口方法通常比扩展窗口方法产生更好的绩效。BAJI 模型的实际平均收益率高于其他 3 个模型,同时更接近目标收益率。BAJI 模型的夏普比率为 0.4978,显著高于静态模型,其夏普比率为 0.2999。BEKK 模型和 BCJI 模型的夏普比率分别为 0.4081 和 0.4601,虽然低于 BAJI 模型,但差异并不显著,对应的 p 值分别为 0.1934 和 0.3276。与其他 3 种模型相比,BAJI 模型产生的交易成本相对较低。因此,考虑交易成本后,BAJI 模型的夏普比率为 0.3687,显著高于静态模型的夏普比率 0.1793。考虑交易成本后,BEKK 模型和 BCJI 模型的夏普比率分别为 0.2733 和 0.3301,虽然低于 BAJI 模型,但不显著。

表6-6　基于扩展窗口估计方法的样本外绩效

目标收益率	静态模型			BEKK模型			BCJI模型			BAJI模型		
	均值	标准差	成本	均值	标准差	成本	均值	标准差	成本	均值	标准差	成本
0.05	0.0228	0.0686	0.0085	0.0231	0.0597	0.0087	0.026	0.0607	0.0086	0.0255	0.0593	0.0086
0.06	0.0274	0.0823	0.0103	0.0277	0.0717	0.0104	0.0312	0.0729	0.0103	0.0306	0.0712	0.0103
0.07	0.032	0.0961	0.012	0.0323	0.0836	0.0122	0.0364	0.085	0.0121	0.0357	0.0831	0.012
0.08	0.0365	0.1098	0.0137	0.037	0.0956	0.0139	0.0416	0.0972	0.0138	0.0408	0.095	0.0138
0.09	0.0411	0.1235	0.0154	0.0416	0.1075	0.0157	0.0468	0.1093	0.0155	0.0459	0.1068	0.0155
0.1	0.0457	0.1372	0.0171	0.0462	0.1195	0.0174	0.0519	0.1215	0.0172	0.051	0.1187	0.0172
0.11	0.0502	0.151	0.0188	0.0508	0.1314	0.0191	0.0571	0.1336	0.019	0.0561	0.1306	0.0189
0.12	0.0548	0.1647	0.0205	0.0554	0.1434	0.0209	0.0623	0.1458	0.0207	0.0611	0.1424	0.0206
0.13	0.0594	0.1784	0.0222	0.0601	0.1553	0.0226	0.0675	0.1579	0.0224	0.0662	0.1543	0.0224
0.14	0.064	0.1921	0.0239	0.0647	0.1673	0.0244	0.0727	0.1701	0.0241	0.0713	0.1662	0.0241
0.15	0.0685	0.2058	0.0256	0.0693	0.1792	0.0261	0.0779	0.1822	0.0259	0.0764	0.178	0.0258

表 6-7　基于滚动窗口方法的样本外绩效

目标收益率	静态模型			BEKK 模型			BCJI 模型			BAJI 模型		
	均值	标准差	成本	均值	标准差	成本	均值	标准差	成本	均值	标准差	成本
0.05	0.0271	0.0904	0.0107	0.0324	0.0794	0.0109	0.0372	0.0809	0.0107	0.0412	0.0828	0.0105
0.06	0.0325	0.1084	0.0128	0.0389	0.0953	0.0131	0.0446	0.0970	0.0128	0.0494	0.0993	0.0126
0.07	0.0379	0.1265	0.0150	0.0454	0.1112	0.0153	0.0521	0.1132	0.0150	0.0577	0.1159	0.0147
0.08	0.0434	0.1446	0.0171	0.0519	0.1271	0.0174	0.0595	0.1294	0.0171	0.0659	0.1324	0.0168
0.09	0.0488	0.1627	0.0192	0.0584	0.1430	0.0196	0.0670	0.1455	0.0193	0.0742	0.1490	0.0189
0.1	0.0542	0.1807	0.0214	0.0648	0.1589	0.0218	0.0744	0.1617	0.0214	0.0824	0.1655	0.0210
0.11	0.0596	0.1988	0.0235	0.0713	0.1748	0.0240	0.0818	0.1779	0.0236	0.0906	0.1821	0.0231
0.12	0.0650	0.2169	0.0256	0.0778	0.1907	0.0262	0.0893	0.1940	0.0257	0.0989	0.1986	0.0252
0.13	0.0705	0.2350	0.0278	0.0843	0.2066	0.0283	0.0967	0.2102	0.0278	0.1071	0.2152	0.0273
0.14	0.0759	0.2530	0.0299	0.0908	0.2225	0.0305	0.1042	0.2264	0.0300	0.1154	0.2317	0.0294
0.15	0.0813	0.2711	0.0321	0.0973	0.2383	0.0327	0.1116	0.2426	0.0321	0.1236	0.2483	0.0315

138　金融尾部风险管理研究

6.4　小结

本章构建了一个标准普尔 500 指数期货和日经 225 指数期货的二元动态跳跃模型。实证结果表明,2 种资产的同步跳跃强度和个体跳跃强度都是时变且持续的。标准普尔 500 指数期货在 21 世纪初美国经济衰退期间具有较高的个体跳跃强度,日经 225 指数期货的个体跳跃强度则在 20 世纪 90 年代日本经济衰退期间处于较高的水平。2008 年美国次贷危机期间,这 2 种期货的个体跳跃强度相对较低,但共同跳跃强度较大,表明美国次贷危机对标准普尔 500 指数期货价格和日经 225 指数期货价格都造成了较大的冲击。

我们基于均值－方差框架求解最优投资组合,样本内和样本外检验结果表明,考虑时变联动跳跃风险的绩效要优于其他模型。本章研究内容与之前关于波动率择时的文献相关。例如,Fleming *et al.* (2001)、Fleminga *et al.*(2003)、Chou *et al.*(2013)和 Nolte and Xu (2015)使用不同的方法对波动率的动态过程建模。在均值－方差框架下,他们发现考虑波动率的动态过程有助于提高均值－方差组合的绩效。Kirby and Ostdiek (2012)和 Moreira and Muir (2017)的研究表明,根据时变波动率调整投资组合权重的策略可以产生更好的样本外表现。本章研究结果表明,在波动率预测中考虑跳跃波动的影响有助于提高投资组合绩效。

7 风险约束下的最优保险政策

7.1 引言

保险公司是提供风险转移服务的金融机构,承担保险人不愿意承担的风险。保险公司在设定保险政策的时候,需要考虑自身的风险承受能力。如果保险公司所承担的风险超过自身的风险承受能力的时候,可能会面临破产倒闭的可能。例如美国国际集团(American International Group,AIG)在 2008 年次贷危机中由于大量投资信用违约互换(Credit Default Swap,CDS)等产品,为债务抵押债券(Collateralized Debt Obligations,CDO)违约提供保险,最终导致亏损达 993 亿美元。AIG 当时濒临倒闭边缘,最终美国财政部出手拯救才得以幸存。

既往文献在讨论最优保险问题时,没有考虑保险公司的风险约束。Arrow(1963)在他的经典论文中首先研究了最优保险问题,并证明了以下结论:当保费仅取决于保单的精算价值时,财富效用最大化的风险厌恶投保人基于最小免赔额的最优保障比率为 100%,即投保人会对超过某一数值的损失进行全额保险。这样的保险策略可能使保险公司面临较为沉重的赔偿负担,特别是当投保人发生较大损失的时候,保险公司将不得不为投保人支付高额的赔偿费用。现实中保险公司往往会对自己的风险暴露施加约束,本章将保险公司的风险约束加入到最优保险问题中,考虑了当保险公司的风险暴露分别采用 VaR、期望损失和最大损失度量时的最优保险问题。

本章第二节研究保险公司 VaR 风险约束下的最优保险政策。由于 VaR 只关注损失的概率而忽视损失的大小,因此会导致风险被低估。期望损失考虑了某一目标以下的损失大小,弥补了 VaR 只关注损失概率而忽视损失大小的缺陷,故本章第三节研究保险公司期望损失风险约束下的最优保险政策。然而期望损失只是对保险公司的期望损失而不是最大损失施加约束,本章的第四节研究保险公司最大损失约束下的最优保险政策。第五节对保险公司各个风险约束下的最优保险政策进行了比较,第六节为小结。

7.2　保险公司 VaR 风险约束下的最优保险政策

VaR 是实际中应用普遍的度量风险暴露的方法,本节首先研究保险公司 VaR 风险约束下的最优保险政策。假设投保人的效用函数为 u,其中 u 满足 $u'>0, u''<0$。投保人的初始财富为 W_1,可能会遭受一个不确定的损失 X,其中 X 为定义在概率空间 $(\Omega, \mathcal{F}, P)$ 上的非负随机变量。投保人希望将风险转移给保险公司,约定当遭受损失 $x \geqslant 0$ 时,他可以从保险公司得到的补偿为 $I(x)$,其中 $I(x)$ 满足对任意损失 $x \geqslant 0, 0 \leqslant I(x) \leqslant x$。令 $\mathcal{L}$ 表示满足上述条件的 $I(x)$ 的集合。保费假设为投保人所获补偿数学期望的函数 $h(EI)$,其中 $h(x)$ 为 x 的严格递增函数,并且满足 $h(0)=0$。假设保险公司的初始财富为 W_2,则在向投保人提供保险合约 I 后保险公司的财富为 $W_2-I+h(EI)$,投保人的财富则为 $W_1-X+I-h(EI)$。保险公司 VaR 风险约束下的最优保险政策可以写为以下形式:

$$\max_{I \in \mathcal{L}} \quad Eu(W_1-X+I-h(EI)) \tag{7.1}$$

$$s.t. \quad \Pr(W_2-I+h(EI) \geqslant \underline{W}) \geqslant 1-\alpha \tag{7.2}$$

其中保险公司的财富目标下限 $\underline{W}$ 和 VaR 的概率置信水平 $\alpha \in (0,1)$ 为模型外生给定的。由式可知随着 α 的增加,保险公司的风险容忍程度增加,因而 α 可以看作是反映保险公司风险容忍程度的指标。

在没有约束条件式(7.2)时,式(7.1)即为著名的 Arrow 模型,它的

解可以写作 $I^*(x)=(x-d)^+$（Promislow & Young，2005）。若 I^* $(x)=(x-d)^+$ 满足保险公司的风险约束式（7-2），则它同样也是模型（7.1）（7.2）的解。否则若 $I^*(x)$ 不满足式（7.2），投保人会改变自己的保险策略以使约束（7.2）的等式成立。

模型（7.1）（7.2）是一个最优控制问题，我们按照 Raviv（1979）和 Gollier（1987）的方法，采取 2 个步骤求解这个模型。第一步我们首先固定保费，求解在保费固定约束条件下模型（7.1）（7.2）的解。假设当保费 $h(EI)=\pi$ 时模型（7.1）（7.2）的解为 $I^*(x,\pi)$，显然它是保费 π 的函数。第二步我们将 $I^*(x,\pi)$ 代入模型（7.1）（7.2），求解最优的保费 π^*，从而可以求得模型（7.1）（7.2）的解 $I^*(x,\pi^*)$。在7.2.1节首先讨论第一步，即考虑固定保费约束下的最优保险政策，在 7.2.2 节讨论第二步，以确定保险公司 VaR 风险约束下的最优保险政策。

7.2.1 保费固定约束下的最优保险政策

在本节我们考虑保费固定约束下模型（7.1）（7.2）的求解。当保费 $h(EI)=\pi$ 时，模型可以写作

$$\max_{I} \quad Eu(W_1-X+I-\pi) \quad (7.3a)$$

$$s.t. \quad EI=h^{-1}(\pi) \quad (7.3b)$$

$$\Pr(I\leqslant\tau)\geqslant1-\alpha \quad (7.3c) \qquad (7.3)$$

$$0\leqslant I\leqslant X \quad (7.3d)$$

其中 $\tau=W_2+\pi-\underline{W}$，$h^{-1}(.)$ 为 $h(.)$ 的逆函数。由于 $h(x)$ 为 x 的严格递增函数，因此它的逆函数存在并且也是严格递增函数。

由于 $0\leqslant I\leqslant X$，因此若 $\pi>h(EX)$ 或 $\pi<0$，约束（7.3b）肯定无法满足。假设 $\overline{x}$ 满足 $\Pr(X\leqslant\overline{x})=1-\alpha$，则当 $\tau>\overline{x}$ 时，由于 $I\leqslant X$ 我们有 $X\leqslant\overline{x}$ 蕴含着 $I\leqslant\tau$，故当 $\tau>\overline{x}$ 满足 $\Pr(\overline{x}<X\leqslant\tau)>0$ 时，我们恒有 $\Pr(I\leqslant\tau)\geqslant\Pr(X\leqslant\overline{x})=1-\alpha$ 成立，此时约束（7.3c）恒成立。另外若 $\tau<0$ 时，由于 $I\geqslant0$ 故我们总有 $\Pr(I\leqslant\tau)=0$，此时约束（7.3c）同样无法满足。因此我们假设 π 的取值满足 $0\leqslant\pi\leqslant h(EX)$，$\tau\geqslant0$。令 Π 表

示满足上述条件保费 π 的集合。当 $\pi \in \Pi$ 时,模型的解可通过以下命题确定:

命题 7.1　设 $\pi \in \Pi$, $\overline{x}$ 满足 $\Pr(X \leqslant \overline{x}) = 1 - \alpha$,则模型(7.3)的解可写作

$$I^*(x) = \begin{cases} (x-d)^+ & \text{if } x \leqslant d+\tau \\ \tau & \text{if } d+\tau < x \leqslant \overline{x} \\ x-d & \text{if } x > \overline{x} \end{cases} \tag{7.4}$$

其中 d 满足 $EI^* = h^{-1}(\pi)$。

证明:

当 $d+\tau > \overline{x}$ 时,由式(7.4)我们有 $I^*(x) = (x-d)^+$。显然 $I^*(x)$ 是固定保费约束下 Arrow 模型即式(7.3a)(7.3b)(7.3d)的最优解,因此为了证明它是模型(7.3)的最优解,我们只需要证明 $I^*(x)$ 满足式(7.3c)。由于 $\tau \geqslant 0$,故我们有

$$\Pr(I^* \leqslant \tau) = \Pr((X-d)^+ \leqslant \tau) = \Pr(X \leqslant d+\tau) > \Pr(X \leqslant \overline{x}) = 1-\alpha$$

故此时 $I^*(x)$ 是模型(7.3)的最优解。

当 $d+\tau \leqslant \overline{x}$ 时,由式(7.4)我们有 $\Pr(I^* \leqslant \tau) = \Pr(X \leqslant \overline{x}) = 1-\alpha$,即此时 $I^*(x)$ 等式满足保险公司的风险约束条件式(7.3c)。为了证明此时 $I^*(x)$ 是模型(7.3)的解,我们采用凸对偶方法(Karatzas & Shreve 1998)。考虑以下对偶优化问题

$$\max_y \quad g(y) = u(W_1 - x + y - \pi) - \lambda_1 y + \lambda_2 1_{\{y \leqslant \tau\}} \tag{7.5}$$
$$s.t. \quad 0 \leqslant y \leqslant x$$

其中 $\lambda_1 \in R$, $\lambda_2 = u(W_1 - d - \pi) - \lambda_1(\overline{x} - d) - u(W_1 - \overline{x} + \tau - \pi) + \lambda_1 \tau$, $1_{\{y \leqslant \tau\}}$ 为示性函数,当 $y \leqslant \tau$ 时取值为 1,否则取值为 0。对于优化问题,我们有以下引理:

引理 7.1　优化问题(7.5)的最优解可以写作以下形式:

$$y^* = \begin{cases} (x-d)^+ & \text{if } x \leqslant d+\tau \\ \tau & \text{if } d+\tau < x \leqslant \overline{x} \\ x-d & \text{if } x > \overline{x} \end{cases}$$

其中 $d=(W_1-\pi-v(\lambda_1))^+$，$v(.)$ 是 $u'(.)$ 的逆函数。

证明：令 $g_1(y)=u(W_1-x+y-\pi)-\lambda_1 y$，令 $g_1'(y)=u'(W_1-x+y-\pi)-\lambda_1=0$ 我们有 $y=x-[W_1-\pi-v(\lambda_1)]$。由于 $g_1(y)$ 为 y 的严格凹函数，容易证明当 $y\in[0,x]$ 时，$g_1(y)$ 的最大值点为 $y_1=(x-d)^+$，其中 $d=(W_1-\pi-v(\lambda_1))^+$。由于 $y=\tau$ 是 $g(y)=g_1(y)+\lambda_2 1_{\{y\leqslant\tau\}}$ 的非连续间断点，故当 $y\in[0,x]$ 时，$g(y)$ 的最大值点或者为 $y_1=(x-d)^+$，或者为 $y_2=\tau$。

为了求解模型(7.5)，我们考虑以下 3 种情况：

(i)$x\leqslant d+\tau$

此时由 $y_1=(x-d)^+\leqslant\tau$，故我们有

$$g(y_1)=g_1(y_1)+\lambda_2\geqslant g_1(\tau)+\lambda_2=g(\tau)$$

即此时模型(7.5)的最优解为 $y^*=y_1=(x-d)^+$。

(ii)$d+\tau<x\leqslant\overline{x}$

此时我们有 $y_1=x-d>\tau$，故 $g(y_1)=u(W_1-d-\pi)-\lambda_1(x-d)$。同时我们有

$$
\begin{aligned}
g(\tau)&=u(W_1-x+\tau-\pi)-\lambda_1\tau+\lambda_2\\
&=u(W_1-x+\tau-\pi)+u(W_1-d-\pi)-\lambda_1(\overline{x}-d)\\
&\quad-u(W_1-\overline{x}+\tau-\pi)\\
&=g(y_1)+u(W_1-x+\tau-\pi)+\lambda_1 x\\
&\quad-[u(W_1-\overline{x}+\tau-\pi)-\lambda_1\overline{x}]
\end{aligned}
\tag{7.6}
$$

令 $G(x)=u(W_1-x+\tau-\pi)+\lambda_1 x$，由于 $x>d+\tau\geqslant W_1-\pi-v(\lambda_1)+\tau$ 并且 $u'(.)$ 是递减函数，故我们有

$$G'(x)=\lambda_1-u'(W_1-x+\tau-\pi)\leqslant\lambda_1-u'(v(\lambda_1))=0$$

即 $G(x)$ 为 x 的递减函数。故由 $x\leqslant\overline{x}$ 我们有 $G(x)\geqslant G(\overline{x})$，代入式(7.6)有 $g(\tau)\geqslant g(y_1)$。同时由 $0\leqslant\tau\leqslant x-d\leqslant x$，故当 $y\in[0,x]$ 时 $g(y)$ 的最大值点为 $y^*=\tau$。

(iii)$x>\overline{x}$

类似于情况(ii)，容易证明此时我们有 $g(y_1)\geqslant g(\tau)$ 成立。由 $x\geqslant$

d 得当 $y \in [0,x]$ 时 $g(y)$ 的最大值点为 $y^* = x - d$。

最后我们有

$$\begin{aligned}
\lambda_2 &= u(W_1 - d - \pi) - \lambda_1(\overline{x} - d) - u(W_1 - \overline{x} + \tau - \pi) + \lambda_1 \tau \\
&= u(W_1 - (d + \tau) + \tau - \pi) + \lambda_1(d + \tau) \\
&\quad - [u(W_1 - \overline{x} + \tau - \pi) + \lambda_1 \overline{x}] \geqslant 0
\end{aligned}$$

其中不等式成立的原因是 $G(x) = u(W_1 - x + \tau - \pi) + \lambda_1 x$ 为 x 的递减函数，并且我们有 $d + \tau \leqslant \overline{x}$ 成立。故引理 7.1 成立

令 $d \geqslant 0$ 为方程 $E(I^*) = h^{-1}(\pi)$ 的解，$\lambda_1 = u'(W_1 - \pi - d)$。对所有损失的实现值 $x \geqslant 0$ 重复应用引理 7.1，我们有式(7.4)是以下优化问题的最优解

$$\max_I \quad u(W_1 - X + I - \pi) - \lambda_1 I + \lambda_2 1_{\{I \leqslant \tau\}}$$
$$s.t. \quad 0 \leqslant I \leqslant X$$

令 J 为满足约束条件(7.3b)(7.3c)(7.3d)的任意保险策略，则我们有

$$\begin{aligned}
&Eu(W_1 - X + I^* - \pi) - Eu(W_1 - X + J - \pi) \\
&= Eu(W_1 - X + I^* - \pi) - \lambda_1 h^{-1}(\pi) + \lambda_2(1 - \alpha) \\
&\quad - [Eu(W_1 - X + J - \pi) - \lambda_1 h^{-1}(\pi) + \lambda_2(1 - \alpha)] \\
&\geqslant Eu(W_1 - X + I^* - \pi) - \lambda_1 E(I^*) + \lambda_2 E1_{\{I^* \leqslant \tau\}} \\
&\quad - [Eu(W_1 - X + J - \pi) - \lambda_1 E(J) + \lambda_2 E1_{\{J \leqslant \tau\}}] \\
&\geqslant 0
\end{aligned}$$

其中上述过程中的第一个不等式成立的原因是我们有 $E1_{\{I^* \leqslant \tau\}} = 1 - \alpha$ 和 $E1_{\{J \leqslant \tau\}} \geqslant 1 - \alpha$ 成立。

由命题 7.1 可知若模型(7.3)的解存在，则它有以下 2 种形式，即

$$I_1^* = (x - d)^+ \tag{7.7}$$

$$I_2^*(x) = \begin{cases} (x - d)^+ & \text{if } x \leqslant d + \tau \\ \tau & \text{if } d + \tau < x \leqslant \overline{x} \\ x - d & \text{if } x > \overline{x} \end{cases} \tag{7.8}$$

其中 I_1^* 为模型(7.3)的约束条件为松弛约束时的解，I_2^* 为模型(7.3)

的约束条件为紧约束时的解。由于 I_1^* 为具有固定保费约束的 Arrow 模型的解,因此若 I_1^* 满足保险公司的风险约束(7.3c),则显然它也是模型(7.3)的解。否则若 I_1^* 不满足保险公司的风险约束(7.3c),投保人会选择最优的保险策略 I_2^*,以使得保险公司的风险约束为紧约束。此时保险公司的风险约束对投保人最优保险政策的选择产生了影响。我们有以下命题成立。

命题 7.2 假设 I_2^* 如式(7.8)为模型(7.3)的最优解,且当不存在保险公司的风险约束时,$I_1^* = (x - d')^+$ 为模型的最优解,则我们有 $d < d' < \overline{x} - \tau$。

证明:由于 I_2^* 而不是 I_1^* 为模型(7.3)的最优解,由式(7.8)我们容易证明 $(x + \tau - \overline{x})^+ < I_2^*(x) < (x - d)^+$。因此若 $d \geqslant d'$,则我们有

$$E(I_2^*) < E(X - d)^+ \leqslant E(X - d')^+ = E(I_1^*)$$

显然上式同 $E(I_1^*) = E(I_2^*) = h^{-1}(\pi)$ 的约束条件相矛盾。同理我们可以证明 $d' < \overline{x} - \tau$。

命题 7.2 表明若在固定保费约束下,Arrow 模型的解 $I_1^* = (x - d')^+$ 不满足保险公司的风险约束,投保人会降低保险策略的最低免赔额,图 7-1 给出了 I_1^* 和 I_2^* 的曲线图。图 7-2 和图 7-3 给出了保险公司的风险约束对保险公司和投保人最终财富的影响。在图 7-2 中,$W_2(I_1^*)$ 和 $W_2(I_2^*)$ 表示在投保人分别采用 I_1^* 和 I_2^* 作为保险策略时保险公司的最终财富。由图中我们可以看到当投保人发生较大损失时,I_2^* 比 I_1^* 使保险公司的最终财富更小。在图 7-3 中,$W_1(I_1^*)$ 和 $W_1(I_2^*)$ 表示当投保人分别采用 I_1^* 和 I_2^* 作为保险策略时他的最终财富。由图中我们可以看到当投保人发生较大损失时,同采用 I_1^* 作为保险策略相比,I_2^* 会使得投保人的最终财富更大。

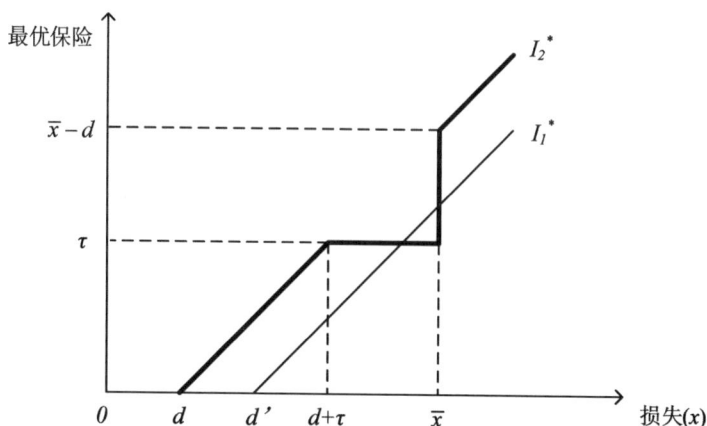

图 7 - 1   保险公司 VaR 风险约束对投保人最优保险政策的影响

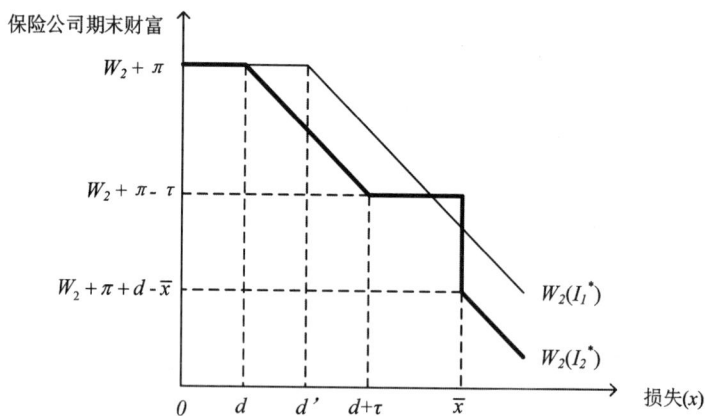

图 7 - 2   保险公司 VaR 风险约束对保险公司最终财富的影响

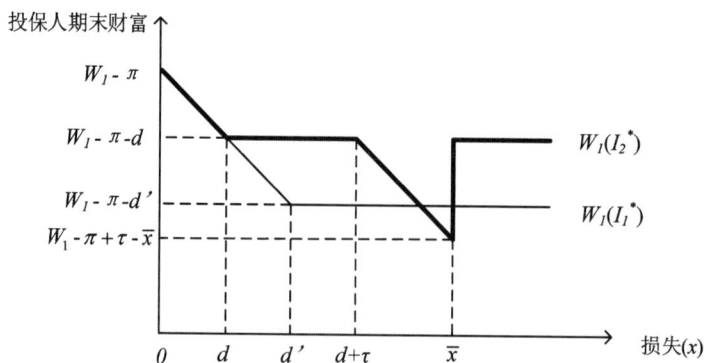

图 7 - 3   保险公司 VaR 风险约束对投保人最终财富的影响

7.2.2 确定最优的保险政策

在 7.2.1 节我们求解了保费固定约束下的最优保险模型,在式
(7.7)和(7.8)中 d 和 τ 均为保费 π 的函数。在本节我们求解最优的保
费设置,即最优的 d,τ,从而求得模型(7.1)(7.2)的最优解,得到保险公
司 VaR 风险约束下投保人最优的保险政策。

命题 7.3 模型(7.1)(7.2)的最优解可以为 2 种形式如式(7.7)和
(7.8)所示。若 I_1^* 为模型(7.1)(7.2)的最优解,其中 $d>0$,则 I_1^* 满足

$$u'(W_1-d-h(EI_1^*))=h'(EI_1^*)Eu'(W_1-X+I_1^*-h(EI_1^*))$$

$$(7.9)$$

$$W_2-\underline{W}+h(EI_1^*)\geqslant(\overline{x}-d)^+ \qquad (7.10)$$

其中 $\overline{x}$ 满足 $\Pr(X\leqslant\overline{x})=1-\alpha$。

若 I_2^* 为模型(7.1)(7.2)的最优解,其中 $d,\tau>0$,则 I_2^* 满足

$$u'(W_1-d-h(EI_2^*))[1-h'(EI_2^*)+h'(EI_2^*)F(d)]$$

$$=h'(EI_2^*)E[u'(W_1-X+h(EI_2^*))1_{\{X\leqslant d\}}] \qquad (7.11)$$

$$W_2-\underline{W}+h(EI_2^*)=\tau \qquad (7.12)$$

其中 $F(x)$ 为损失 X 的累积概率分布函数。同时若令 $V=Eu(W-X+I_2^*-h(EI_2^*))$,则我们有 $\partial V/\partial\overline{x}\leqslant0$ 成立。由于 $\overline{x}$ 为保险公司风险容忍度 α 的减函数,故投保人的最优期望效用随着保险公司风险容忍程度的增加而增加。

证明:

(1)若 I_1^* 为模型(7.1)(7.2)的最优解,令

$$U(d)=Eu(W_1-X+(X-d)^+-h(E(X-d)^+))$$

由一阶条件 $U'(d)=0$ 我们可以得到式(7.9)。同时由 I_1^* 满足保险公
司的风险约束(7.3c)我们有

$$\Pr((X-d)^+\leqslant W_2+h(E(X-d)^+)-\underline{W})\geqslant1-\alpha \qquad (7.13)$$

由于 $\alpha\in[0,1)$,由上式我们有 $W_2+h(E(X-d)^+)-\underline{W}\geqslant0$,此时式
(7.13)可以写为

$$\Pr(X \leqslant d + W_2 + h(E(X-d)^+) - \underline{W}) \geqslant 1 - \alpha$$

由于 $\Pr(X \leqslant \overline{x}) = 1 - \alpha$，故由上式可得

$$d + W_2 + h(E(X-d)^+) - \underline{W} \geqslant \overline{x}$$

故我们证明了式(7.10)。

(2)若 I_2^* 为模型(7.1)(7.2)的最优解，显然此时 I_2^* 等式满足保险公司的风险约束式(7.2)，我们可以通过求解以下优化问题求得 d 和 τ：

$$\begin{aligned} \max_{d,\tau} \quad & U(d,\tau) = Eu(W_1 - X + I_2^* - h(EI_2^*)) \\ s.t. \quad & M(d,\tau) = W_2 - \underline{W} + h(EI_2^*) - \tau = 0 \end{aligned} \tag{7.14}$$

令 $L(d,\tau,\gamma) = U(d_1, d_2, \tau) - \gamma M(d_1, d_2, \tau)$，其中 $\gamma \in R$ 为拉格朗日乘子。则由一阶条件 $\partial L/\partial d = 0$ 我们有

$$u'(W_1 - d - h(EI_2^*)) = h'(EI_2^*)[Eu'(W_1 - X + I_2^* - h(EI_2^*)) + \gamma] \tag{7.15}$$

由条件 $\partial L/\partial \tau = 0$ 可得

$$E[u'(W_1 - X + \tau - h(EI_2^*))1_{\{d+\tau \leqslant X \leqslant \overline{x}\}}] + \gamma$$
$$= [F(\overline{x}) - F(d+\tau)]h'(EI_2^*)[Eu'(W_1 - X + I_2^* - h(EI_2^*)) + \gamma] \tag{7.16}$$

由式(7.15)和式(7.16)，通过消去 γ 并整理后我们可以得到式(7.11)。

同时由包络定理我们有

$$\frac{\partial V}{\partial \overline{x}} = \frac{\partial L}{\partial \overline{x}} = f(\overline{x})[u(W_1 - \overline{x} + \tau - h(EI_2^*)) - u(W_1 - d - h(EI_2^*))]$$
$$- f(\overline{x})(\tau + d - \overline{x})u'(W_1 - d - h(EI_2^*)) \tag{7.17}$$

由 $u(.)$ 为凹函数，我们有

$$u(W_1 - \overline{x} + \tau - h(EI_2^*)) - u(W_1 - d - h(EI_2^*))$$
$$\leqslant (\tau + d - \overline{x})u'(W_1 - d - h(EI_2^*))$$

将上式代入式(7.17)我们有 $\partial V/\partial \overline{x} \leqslant 0$ 成立。

通过命题 7.3 我们可以求得模型(7.1)(7.2)的最优解。式(7.9)和式(7.11)都具有很直观的经济含义，式子的左边代表投保人获得额外

补偿后期望效用的边际收益,而式子的右边代表支付额外保险费用导致期望效用的边际损失。事实上式(7.9)可以写成和式(7.11)类似的形式,式(7.9)的左边可以写为

$$Eu'(W_1 - X - h(EI_1^*)) = u'(W_1 - d - h(EI_1^*))[1 - F(d)]$$
$$+ E[u'(W_1 - X + h(EI_1^*))1_{\{X \leqslant d\}}]$$

将上式代入式(7.9)我们有

$$u'(W_1 - d_1 - h(EI_1^*))[1 - h'(EI_1^*) + h'(EI_1^*)F(d_1)]$$
$$= h'(EI_1^*)E[u'(W_1 - X + h(EI_1^*))1_{\{X \leqslant d_1\}}]$$

显然上式和式(7.11)具有类似的形式。

命题 7.3 表明若保险公司的风险约束(7.3c)为紧约束时,投保人会采用 I_2^* 作为最优保险政策,且他的最优期望效用会随着保险公司风险容忍程度的增加而增加,即保险公司施加风险约束会降低投保人的最优期望效用。以下命题表明投保人的效用函数为指数效用函数时,保险公司施加 VaR 风险约束会使得投保人将更多的大额损失转移给保险公司。尽管如此,由于无法将中间损失转移出去降低了投保人的最优期望效用。

命题 7.4 假设投保人的效用函数为指数效用函数,即 $u(W) = c - be^{-RW}$,其中 $b, R > 0$,R 为投保人的绝对风险厌恶系数。$d \geqslant 0$ 为式 (7.9)(7.11)的解,$d_1, \tau \geqslant 0$ 为式(7.11)(7.12)的解,则当 $h'' = 0$ 时我们有 $d = d_1$,而当 $h'' > 0$ 时,我们有 $d \geqslant d_1$。

证明:

为符号书写简便,令 $\pi_1 = E(I_1^*) = E(X - d)^+$,则由式(7.9)和指数效用函数,我们有

$$e^{-a(W_1 - d - \pi_1)} = h'(EI_1^*)\left[\int_0^d e^{-a(W_1 - x - \pi_1)} \mathrm{d}F(x) + \int_d^{+\infty} e^{-a(W_1 - d - \pi_1)} \mathrm{d}F(x)\right]$$
$$= h'(EI_1^*)\left[\int_0^d e^{-a(W_1 - x - \pi_1)} \mathrm{d}F(x) + e^{-a(W_1 - d - \pi_1)}(1 - F(d))\right]$$

整理后上式可以写为

$$h'(EI_1^*)\left[\int_0^d e^{-a(d-x)} \mathrm{d}F(x) + 1 - F(d)\right] = 1 \tag{7.18}$$

150 金融尾部风险管理研究

令 $\pi_2 = E(I_2^*)$，则由式（7.11）我们有

$$[1 - h'(EI_2^*) + h'(EI_2^*)F(d_1)]e^{-a(W_1 - d_1 - \pi_2)}$$

$$= h'(EI_2^*)\int_0^{d_1} e^{-a(W_1 - x - \pi_2)}\mathrm{d}F(x)$$

整理后上式可以写为

$$h'(EI_2^*)\left[\int_0^{d_1} e^{-a(d_1 - x)}\mathrm{d}F(x) + 1 - F(d_1)\right] = 1 \qquad (7.19)$$

令 $G(z) = \int_0^z e^{-a(z-x)}\mathrm{d}F(x) + 1 - F(z)$，由 $G'(z) = -R\int_0^z e^{-R(z-x)}\mathrm{d}F(x) \leqslant 0$ 知 $G(z)$ 为 z 的减函数。故当 $h'' = 0$ 时，对任意的 x，$h'(x)$ 为常数，由式（7.18）和式（7.19）可知 $d = d_1$。当 $h'' > 0$ 时，假设 $d < d_1$，容易证明此时必有 $EI_1^* > EI_2^*$ 以及 $h'(EI_1^*) > h'(EI_2^*)$。由于 $G(z)$ 为 z 的减函数，故有 $G(d) > G(d_1)$。由 $h'(.)$ 和 $G(.)$ 都为正函数，故有 $h'(EI_1^*)G(d) > h'(EI_2^*)G(d_1)$。由式（7.18）（7.19）可知 $h'(EI_1^*)G(d) = h'(EI_2^*)G(d_1)$，两者矛盾，故有 $d \geqslant d_1$。

由命题 7.4 我们可得若投保人具有指数风险偏好，且保费采用期望保费函数定价时，保险策略 I_1^* 和 I_2^* 具有相同的最低免赔额。而当保费函数满足 $h'' > 0$ 时，由 $d \geqslant d_1$ 可知此时保险公司会同时增加对投保人小额损失和大额损失的补偿。图 7-6 给出了投保人指数风险偏好下采用期望价值保费函数时 I_1^* 和 I_2^* 的曲线。由图 7-6 可以看到，同保险公司不施加风险约束相比，保险公司施加 VaR 风险约束后投保人可以转移更多的大额损失给保险公司，从而使得自己面临着更严重的下边风险损失。Basak and Shapiro（2001）研究了风险管理者在 VaR 风险约束下的最优投资决策问题，通过理论证明他们指出同不采取风险约束相比，风险管理者基于 VaR 的风险决策会使他遭受更大的损失。命题 7.4 和 Basak and Shapiro（2001）的结论一致，由图 7-6 我们可以发现，保险公司采取 VaR 作为风险决策依据会使得它在投保人发生较大损失时自己会遭受严重的损失。

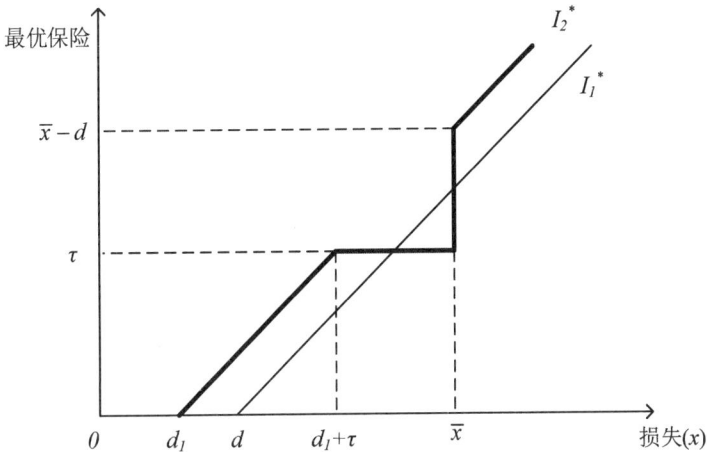

图 7 - 4 投保人指数风险偏好时保险公司 VaR 风险约束下的最优保险政策

7.3 保险公司期望损失风险约束下的最优保险政策

由于 VaR 只关注损失的概率而忽视损失的大小,因此会导致风险被低估。期望损失考虑了某一目标以下的损失大小,弥补了 VaR 只关注损失概率而忽视损失大小的缺陷。故本节我们研究保险公司期望损失风险约束下的最优保险问题,保险公司期望损失风险约束可以写为以下形式:

$$s.t. \quad E\left[\underline{W}-(W_2-I+h(EI))\right]^+ \leqslant \varepsilon \tag{7.20}$$

其中保险公司的财富目标下限 $\underline{W}$ 和风险容忍度 $\varepsilon > 0$ 为模型外生给定的。显然随着 ε 的增加,保险公司的风险容忍程度相应增加。以下我们按照 7.2 节相同的方法,采用两个步骤对模型(7.1)(7.20)进行求解。在 7.3.1 节我们首先讨论第一步,即求解固定保费约束下的最优保险政策,在 7.3.2 节我们讨论第二步,以确定保险公司期望损失风险约束下的最优保险政策。

7.3.1 保费固定约束下的最优保险政策

在本节我们考虑保费固定约束下模型(7.1)(7.20)的求解,当保费 $h(EI)=\pi$ 时,模型可以写为

$$\max_I \quad Eu(W_1-X+I-\pi) \quad (7.21a)$$

$$s.t. \quad EI=h^{-1}(\pi) \quad (7.21b)$$
$$E(I-\tau)^+ \leqslant \varepsilon \quad (7.21c) \qquad (7.21)$$
$$0 \leqslant I \leqslant X \quad (7.21d)$$

其中 $\tau=W_2+\pi-\underline{W}$, $h^{-1}(.)$ 为 $h(.)$ 的逆函数。

由于 $0 \leqslant I \leqslant X$,因此若 $\pi > h(EX)$ 或 $\pi < 0$,约束(7.21b)将肯定无法满足。同时,若 $h^{-1}(\pi)=EI > \tau+\varepsilon$,则我们有 $E(I-\tau)^+ \geqslant E(I-\tau) > \varepsilon$,故此时约束(7.21c)将无法满足。因此在本节我们假设 $0 \leqslant \pi \leqslant h(EX)$,并且 $EI \leqslant \tau+\varepsilon$。令 Π 表示满足上述条件的保费 π 的集合。为了求解模型(7.21),我们首先考虑 $\tau \leqslant 0$,即 $\pi \leqslant \underline{W}-W_2$ 的情形。在这种情况下,我们有以下命题成立:

命题 7.5 假设 $\pi \in \Pi$,且 $\pi \leqslant \underline{W}-W_2$,则问题(7.21)的解可以写为
$$I^*(x)=(x-d)^+$$
其中 $d \geqslant 0$ 满足 $E(X-d)^+=h^{-1}(\pi)$。

证明:由 $\pi \in \Pi$,我们有 $h^{-1}(\pi) \leqslant \tau+\varepsilon$。同时由约束(7.21b),我们有 $E(I) \leqslant \tau+\varepsilon$。故由 $I \geqslant 0$ 和 $\tau=W_2-\underline{W}+\pi \leqslant 0$,我们有下式成立:
$$E(I-\tau)^+=E(I-\tau) \leqslant \varepsilon$$

故当 $\pi \in \Pi$ 且 $\pi \leqslant \underline{W}-W_2$ 时,约束条件(7.21b)蕴含着约束条件(7.21c),因此问题(7.21)被简化为具有固定保费的 Arrow 问题,故我们可以证明上述命题。

当 $\tau>0$,即 $\pi>\underline{W}-W_2$ 时,我们则有以下命题成立。

命题 7.6 假设当 $\pi \in \Pi$ 且 $\pi>\underline{W}-W_2$ 时问题(7.21)的解存在,则我们有以下结论成立:

(1)若约束条件(7.21c)为松弛约束时,问题的最优解为 $I^*(x)=$

$(x-d)^+$,其中 $d \geqslant 0$ 满足

$$E(X-d)^+ = h^{-1}(\pi) \qquad (7.22)$$

$$E(X-d-\tau)^+ \leqslant \varepsilon \qquad (7.23)$$

(2)若约束条件(7.21c)为紧约束时,问题(7.21)的最优解可以写为

$$I^*(x) = \begin{cases} (x-d_1)^+ & \text{if } x \leqslant \tau+d_1 \\ \tau & \text{if } \tau+d_1 < x \leqslant \tau+d_2 \\ x-d_2 & \text{if } x > \tau+d_2 \end{cases} \qquad (7.24)$$

其中 $d_2 > d_1 \geqslant 0$ 满足

$$E(X-d_1)^+ - E(X-d_1-\tau)^+ = h^{-1}(\pi)-\varepsilon \qquad (7.25)$$

$$E(X-d_2-\tau)^+ = \varepsilon \qquad (7.26)$$

证明:

(1)若约束条件(7.21c)为松弛约束时,模型(7.21)简化为具有固定保费约束的 Arrow 模型,模型解可以写作 $I^*(x) = (x-d)^+$ 的形式。由 d 满足式(7.22)知 $I^*(x)$ 满足约束(7.21b),同时由 d 满足式(7.23)并且 $\tau = W_2 + \pi - \overline{W} > 0$,我们有

$$E(I^*-\tau)^+ = E[(X-d)^+-\tau]^+ = E(X-d-\tau)^+ \leqslant \varepsilon$$

即 $I^*(x)$ 满足约束(7.21c)。故此时 $I^*(x) = (x-d)^+$ 为模型(7.21)的最优解。

(2)令 $G_1(c) = E(X-c)^+ - E(X-c-\tau)^+$,$G_2(c) = E(X-c-\tau)^+$。容易证明 $G_1'(c) = F(c)-F(c+\tau) \leqslant 0$,$G_2'(c) = F(c+\tau)-1 \leqslant 0$,其中 $F(x)$ 为 X 的概率分布函数,故 $G_1(c)$ 和 $G_2(c)$ 均为 c 的递增函数。由 $\tau > 0$ 我们有 $\varepsilon = E(I-\tau)^+ < EI = h^{-1}(\pi)$,同时由 $\varepsilon > 0$ 得存在 $d_1, d_2 \in R$ 使得 $G_1(d_1) = h^{-1}(\pi)-\varepsilon$,$G_2(d_2) = \varepsilon$,此处我们假设 $d_2 > d_1 \geqslant 0$(为了保证 d_1, d_2 满足 $d_2 > d_1 \geqslant 0$,π 和 ε 需要满足条件 $G_1(0) \geqslant h^{-1}(\pi)-\varepsilon > G_1(d_2)$)。由式(7.24)(7.26)我们有

$$E(I^*-\tau)^+ = E(X-d_2-\tau)^+ = \varepsilon \qquad (7.27)$$

同时由式(7.24),$I^*(x)$ 可以写为

$$I^*(x) = (x - d_1)1_{\{d_1 < x \leqslant d_1 + \tau\}} + \tau 1_{\{d_1 + \tau < x \leqslant d_2 + \tau\}} + (x - d_2)1_{\{x > d_2 + \tau\}}$$

$$= (x - d_1)1_{\{x > d_1\}} - (x - d_1)1_{\{x > d_1 + \tau\}} + \tau 1_{\{d_1 + \tau < x \leqslant d_2 + \tau\}}$$

$$+ (x - d_2 - \tau)1_{\{x > d_2 + \tau\}} + \tau 1_{\{x > d_2 + \tau\}}$$

$$= (x - d_1)^+ - (x - d_1 - \tau)^+ + (x - d_2 - \tau)^+$$

$$(7.28)$$

因而由式(7.25)(7.26)我们有

$$E(I^*) = E(X - d_1)^+ - E(X - d_1 - \tau)^+ + E(X - d_2 - \tau)^+ = h^{-1}(\pi)$$

$$(7.29)$$

故由式(7.27)和式(7.29)得如式(7.24)所示的 $I^*(x)$ 满足约束条件 (7.21b)(7.21c)。

为了证明 $I^*(x)$ 为模型(7.21)的最优解,我们采用凸对偶方法 (Karatzas & Shreve, 1998),考虑以下对偶优化问题:

$$\max_y \quad g(y) = u(W_1 - x + y - \pi) - \lambda_1 y - \lambda_2(y - \tau)^+$$

$$s.t. \quad 0 \leqslant y \leqslant x \tag{7.30}$$

其中 $\lambda_1 \in R, \lambda_2 > 0$。对于优化问题(7.30),我们有以下引理成立。

引理 7.2 令 $\lambda_1 \in R, \lambda_2 > 0, \delta_1 = W_1 - \pi - v(\lambda_1), \delta_2 = W_1 - \pi - v(\lambda_1 + \lambda_2)$,其中 $v(.)$ 为函数 $u'(.)$ 的逆函数。若 $\tau > 0$,则问题(7.30)的最优解可以写为

$$y^* = \begin{cases} (x - \delta_1^+)^+ & \text{if } x \leqslant \tau + \delta_1 \\ \tau & \text{if } \tau + \delta_1 < x \leqslant \tau + \delta_2 \\ x - \delta_2^+ & \text{if } x > \tau + \delta_2 \end{cases}$$

证明:令 $g_1(y) = u(W_1 - x + y - \pi) - \lambda_1 y, g_2(y) = u(W_1 - x + y - \pi) - \lambda_1 y - \lambda_2(y - \tau)$,则对偶优化问题(7.30)中的 $g(y)$ 可以写作

$$g(y) = \begin{cases} g_1(y) & \text{if } y \leqslant \tau \\ g_2(y) & \text{if } y > \tau \end{cases}$$

显然 $g(y)$ 是 y 的连续函数,并且在 $y = \tau$ 处一阶导数不连续。由于 u 为严格凹函数,故 $g_1(y)$ 和 $g_2(y)$ 都是严格凹函数,具有唯一的全局最大值。

令 $g_1{}'(y)=0$ 我们有 $u'(W_1-x+y-\pi)-\lambda_1=0$,故 $g_1(y)$ 的全局极大值点可以写为 $y_1=x+\pi-W_1+v(\lambda_1)=x-\delta_1$。同样的,令 $g_2{}'(y)=0$ 我们有 $u'(W_1-x+y-\pi)-\lambda_1-\lambda_2=0$,故 $g_2(y)$ 的全局极大值点可以写为 $y_1=x+\pi-W_1+v(\lambda_1+\lambda_2)=x-\delta_2$。由 $v(.)$ 是一个严格递减函数以及 $\lambda_2>0$,我们有 $v(\lambda_1)>v(\lambda_1+\lambda_2)$,$\delta_1<\delta_2$ 以及 $y_1>y_2$。

为了求得问题(7.30)的最优解,我们考虑以下情况:

(i)$\tau \geqslant x$

当 $0\leqslant y\leqslant x$ 时,我们有 $g(y)=g_1(y)$。由于 $g_1(y)$ 是 y 的严格凹函数,容易证明问题(7.30)的最优解可以写为

$$y^*=\begin{cases}0 & \text{if } x-\delta_1\leqslant 0 \\ x-\delta_1 & \text{if } 0<x-\delta_1\leqslant x \\ x & \text{if } x-\delta_1>x\end{cases}$$

或可以写为更简便的形式 $y^*=(x-\delta_1^+)^+$。

(ii)$0\leqslant \tau<x$

为了求得问题(7.30)的最优解,我们考虑以下五种情况:

(a)$\tau<x\leqslant \delta_1$

此时我们有 $y_2<y_1=x-\delta_1\leqslant 0$ 成立,故当 $y\in[0,x]$ 时,$g(y)$ 是一个递减函数,故 $g(y)$ 在 $[0,x]$ 区间的最大值点为 $y^*=0$。

(b)$\delta_1<x\leqslant \tau+\delta_1$

显然此时我们有 $0<y_1=x-\delta_1\leqslant \tau$ 和 $y_2<y_1\leqslant \tau$ 成立,故 $g(y)$ 在区间 $[0,y_1]$ 是 y 的递增函数,而在区间 $[y_1,x]$ 是 y 的递减函数,因此 $g(y)$ 在 $[0,x]$ 区间的最大值点为 $y^*=y_1=x-\delta_1$。

(c)$\tau+\delta_1<x\leqslant \tau+\delta_2$

此时我们有 $y_1=x-\delta_1>\tau$ 和 $y_2=x-\delta_2<\tau$ 成立,因而 $g(y)$ 在 $[0,\tau]$ 区间是 y 的递增函数,而在 $[\tau,x]$ 区间是 y 的递增函数,故 $g(y)$ 在 $[0,x]$ 区间的最大值点为 $y^*=\tau$。

(d)$x>\tau+\delta_2,\delta_2\geqslant 0$

此时我们有 $\tau<y_2=x-\delta_2\leqslant x$ 和 $y_1>y_2>\tau$ 成立,因而 $g(y)$ 在 $[0,y_2]$ 区间是 y 的递增函数,而在 $[y_2,x]$ 区间是 y 的递增函数,因而 $g(y)$ 在 $[0,x]$ 区间的最大值点为 $y^*=y_2=x-\delta_2$。

(e)$\delta_2<0$

此时我们有 $y_1>y_2=x-\delta_2>x$ 成立,故当 $y\in[0,x]$ 时 $g(y)$ 为 y 的递增函数,因此 $g(y)$ 在 $[0,y]$ 区间的极大值点为 $y^*=x$。

综合情形(a-e),我们可以得到当 $0\leqslant\tau\leqslant x$ 时,问题(7.30)的最优解可以写为

$$
y^*=\begin{cases}
0 & \text{if } \tau<x\leqslant\delta_1 \\
x-\delta_1 & \text{if } \delta_1<x\leqslant\tau+\delta_1 \\
\tau & \text{if } \tau+\delta_1<x\leqslant\tau+\delta_2 \\
x-\delta_2 & \text{if } x>\tau+\delta_2,\delta_2>0 \\
x & \text{if } \delta_2\leqslant0
\end{cases}
$$

容易证明综合考虑情形(i)和情形(ii)后,问题(7.30)的最优解可以写为

$$
y^*=\begin{cases}
(x-\delta_1^+)^+ & \text{if } x\leqslant\tau+\delta_1 \\
\tau & \text{if } \tau+\delta_1<x\leqslant\tau+\delta_2 \\
x-\delta_2{}^+ & \text{if } x>\tau+\delta_2
\end{cases}
$$

故引理7.2得证。

令 $\lambda_1=u'(W_1-\pi-d_1)$, $\lambda_2=u'(W_1-\pi-d_2)-u'(W_1-\pi-d_1)$,由于 $u'(.)$ 为递减函数,并且 $d_2>d_1$,故有 $\lambda_2\geqslant0$。对所有损失的实现值 $x\geqslant0$ 重复应用引理7.2,我们有式(7.24)为以下问题的最优解:

$$\max_I \quad u(W_1-X+I-\pi)-\lambda_1 I-\lambda_2(I-\tau)^+$$

$$s.t. \quad 0\leqslant I\leqslant X$$

令 J 为满足约束条件(7.21b)(7.21c)(7.21d)的任意保险策略,则我们有

$$Eu(W_1-X+I^*-\pi)-Eu(W_1-X+J-\pi)$$

$$=Eu(W_1-X+I^*-\pi)-\lambda_1 h^{-1}(\pi)-\lambda_2\varepsilon$$

$$-[Eu(W_1-X+J-\pi)-\lambda_1 h^{-1}(\pi)-\lambda_2\varepsilon]$$
$$\geqslant Eu(W_1-X+I^*-\pi)-\lambda_1 E(I^*)+\lambda_2 E(I^*-\tau)^+$$
$$-[Eu(W_1-X+J-\pi)-\lambda_1 E(J)+\lambda_2 E(J-\tau)^+]$$
$$\geqslant 0$$

其中上述过程中的第一个不等式成立的原因是我们有 $E(I^*-\tau)^+=\varepsilon$ 和 $E(J-\tau)^+\leqslant\varepsilon$ 成立。故命题 7.6 得证。

故由命题 7.5 和命题 7.6 可知若模型(7.21)的最优解存在,则它有以下 2 种形式,即

$$I_1^*(x)=(x-d)^+ \tag{7.31}$$

$$I_2^*(x)=\begin{cases}(x-d_1)^+ & \text{if } x\leqslant\tau+d_1 \\ \tau & \text{if } \tau+d_1<x\leqslant\tau+d_2 \\ x-d_2 & \text{if } x>\tau+d_2\end{cases} \tag{7.32}$$

其中 I_1^* 为约束条件(7.21c)为松弛约束时的解,I_2^* 为约束条件(7.21c)为紧约束时的解。由于 I_1^* 为具有固定保费约束的 Arrow 模型的解,因此若 I_1^* 满足保险公司的风险约束(7.21c),则显然它也是模型的解。否则若 I_1^* 不满足保险公司的风险约束(7.21c),投保人会选择最优的保险策略 I_2^*,以使得保险公司的风险约束为紧约束。此时保险公司的风险约束对投保人最优保险政策的选择产生了影响。关于这种影响,我们有以下命题成立。

命题 7.7 假设 I_2^* 为模型(7.21)的最优解,其中 $d_2>d_1\geqslant 0,\tau>0$,而当去掉保险公司的风险约束(7.21c)时,$I_1^*$ 为模型(7.21)的最优解,则我们有 $d_1<d<d_2$。

证明:由于 I_2^* 而不是 I_1^* 为模型(7.21)的最优解,故由命题 7.6 我们有 d 满足

$$E(X-d-\tau)^+>\varepsilon \tag{7.33}$$

由于 d_2 满足式(7.26),故由式(7.33)可得 $E(X-d-\tau)^+>E(X-d_2-\tau)^+$,因而有 $d<d_2$。

又由 $d_1<d_2$,我们有 $I_2^*(x)=(x-d_1)^+-(x-d_1-\tau)^++$

$(x-d_2-\tau)^+ < (x-d_1)^+$，故若 $d_1 \geqslant d$，则我们有 $E(I_2^*) <$ $E(X-d_1)^+ \leqslant E(X-d)^+$，显然和 $E(I_1^*)=E(I_2^*)=h^{-1}(\pi)$ 的约束条件相矛盾。故命题得证。

命题 7.7 表明若固定保费约束下 Arrow 模型的解 $I_1^*(x) =$ $(x-d)^+$ 不满足保险公司的风险约束，保险公司会减少对投保人大额损失的补偿，增加对投保人小额损失的补偿。图 7-5 给出了 I_1^* 和 I_2^* 的曲线图。图 7-6 和图 7-7 给出了保险公司的风险约束对保险公司和投保人最终财富的影响，在图 7-6 中，$W_2(I_1^*)$ 和 $W_2(I_2^*)$ 表示在投保人分别采用 I_1^* 和 I_2^* 作为保险策略时保险公司的最终财富。由图中我们可以看到同 I_1^* 相比，I_2^* 使保险公司的最终财富落在 $\underline{W}$ 以下的可能减少，但财富落在 $\underline{W}$ 以上的可能也相应减少。在图 7-7 中，$W_1(I_1^*)$ 和 $W_1(I_2^*)$ 表示当投保人分别采用 I_1^* 和 I_2^* 作为保险策略时投保人的最终财富。由图中我们可以看到当投保人发生较大损失时，同采用 I_1^* 相比，I_2^* 会使得投保人遭受更大的损失。当采用 I_2^* 时，投保人的最低财富为 $W_1-\pi-d_2$，低于当采用 I_1^* 时的最终财富 $W_1-\pi$ $-d$。

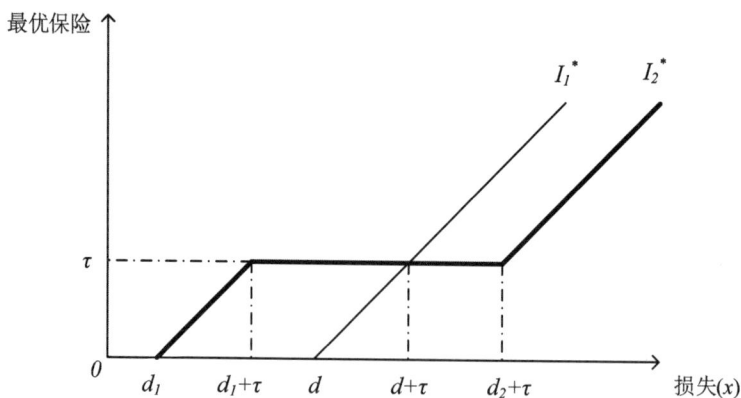

图 7-5　保险公司期望损失风险约束对投保人最优保险政策的影响

保险公司期末财富

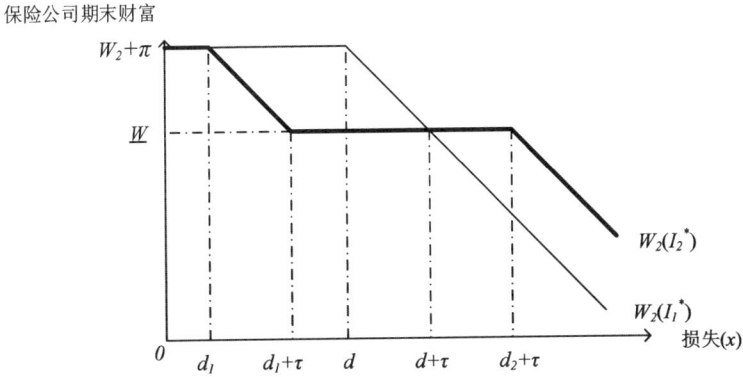

图 7 - 6　保险公司期望损失风险约束对保险公司最终财富的影响

投保人期末财富

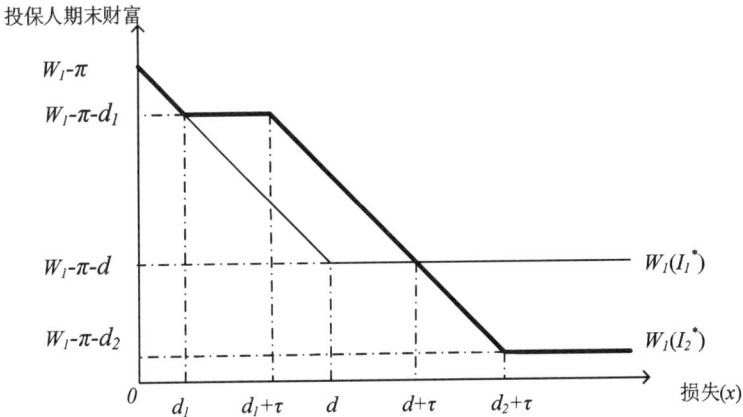

图 7 - 7　保险公司期望损失风险约束对投保人最终财富的影响 s

7.3.2　确定最优的保险策略

在 7.3.1 节我们求解了保费固定约束下的最优保险模型,显然在式(7.31)和(7.32)中 d, d_1, d_2, τ 均为保费 π 的函数。在本节我们求解最优的保费设置,或最优的 d, d_1, d_2, τ,从而求得模型(7.1)(7.20)的最优解,得到保险公司期望损失风险约束下的最优保险政策。

命题 7.8　模型(7.1)(7.20)的最优解可以为两种形式如式(7.31)

和(7.32)所示。若 I_1^* 为模型(7.1)(7.20)的最优解,其中 $d>0$,则 I_1^*
满足

$$u'(W_1-d-h(EI_1^*))=h'(EI_1^*)Eu'(W_1-X+I_1^*-h(EI_1^*))$$
$$\tag{7.34}$$

$$E(\underline{W}+I_1^*-W_2-h(EI_1^*))^+\leqslant\varepsilon \tag{7.35}$$

若 I_2^* 为模型(7.1)(7.20)的最优解,其中 $d_1,d_2,\tau>0$ 且 $d_1<d_2$,则
I_2^* 满足

$$u'(W_1-d_1-h(EI_2^*))[1-h'(EI_2^*)+h'(EI_2^*)F(d_1)]$$
$$=h'(EI_2^*)E[u'(W_1-X+h(EI_2^*))1_{\{X\leqslant d_1\}}] \tag{7.36}$$

$$E(X-d_2-\tau)^+=\varepsilon \tag{7.37}$$

$$W_2-\underline{W}+h(EI_2^*)=\tau \tag{7.38}$$

其中 $F(x)$ 为 X 的累积概率分布函数。同时若令 $V=Eu(W-X+I_2^*$
$-h(EI_2^*))$,则我们有

$$\frac{\partial V}{\partial\varepsilon}=u'(W_1-d_2-h(EI_2^*))-u'(W_1-d_1-h(EI_2^*))>0$$
$$\tag{7.39}$$

即投保人的最优期望效用函数随着保险公司风险容忍程度的提高而
提高。

证明:

(1)若 I_1^* 为模型(7.1)(7.20)的最优解,令

$$U(d)=Eu(W_1-X+(X-d)^+-h(E(X-d)^+))$$

由一阶条件 $U'(d)=0$ 我们可以得到式(7.34),同时由 I_1^* 满足保险公
司的风险约束(7.21c)我们可得式(7.35)。

(2)若 I_2^* 为模型(7.1)(7.20)的最优解,则我们可以通过求解以下
优化问题求得 d_1,d_2,τ:

$$\max_{d_1,d_2,\tau}\quad U(d_1,d_2,\tau)=Eu(W_1-X+I_2^*-h(EI_2^*))$$

$$s.t.\quad M(d_1,d_2,\tau)=E(X-d_2-\tau)^+-\varepsilon=0 \tag{7.40}$$

$$N(d_1,d_2,\tau)=W_2-\underline{W}+h(EI_2^*)-\tau=0$$

令 $L(d_1,d_2,\tau,\gamma_1,\gamma_2)=U(d_1,d_2,\tau)-\gamma_1 M(d_1,d_2,\tau)-\gamma_2 N(d_1,d_2,\tau)$，其中 $\gamma_1,\gamma_2\in R$ 为拉格朗日乘子。由一阶条件 $\partial L/\partial d_1=0$ 我们有

$$u'(W_1-d_1-h(EI_2^*))=h'(EI_2^*)[Eu'(W_1-X+I_2^*-h(EI_2^*))+\gamma_2]$$
$$(7.41)$$

由条件 $\partial L/\partial d_2=0$ 我们有

$$u'(W_1-d_2-h(EI_2^*))-\gamma_1=h'(EI_2^*)[Eu'(W_1-X+I_2^*-h(EI_2^*))+\gamma_2]$$
$$(7.42)$$

由条件 $\partial L/\partial\tau=0$ 可得

$$E[u'(W_1-X+\tau-h(EI_2^*))1_{\{d_1+\tau\leqslant X\leqslant d_2+\tau\}}]+\gamma_1[1-F(d_2+\tau)]+\gamma_2$$
$$=[F(d_2+\tau)-F(d_1+\tau)]h'(EI_2^*)[Eu'(W_1-X+I_2^*-h(EI_2^*))+\gamma_2]$$
$$(7.43)$$

由式(7.41)和式(7.42)我们有

$$\gamma_1=u'(W_1-d_2-h(EI_2^*))-u'(W_1-d_1-h(EI_2^*))$$

$$\gamma_2=[h'(EI_2^*)]^{-1}u'(W_1-d_1-h(EI_2^*))-Eu'(W_1-X+I_2^*-h(EI_2^*))$$

将 γ_1 和 γ_2 代入式(7.43)，通过略有复杂的计算我们可得式(7.36)成立。

同时由包络定理我们有

$$\frac{\partial V}{\partial\varepsilon}=\frac{\partial L}{\partial\varepsilon}=\gamma_1=u'(W_1-d_2-h(EI_2^*))-u'(W_1-d_1-h(EI_2^*))$$

由于 $d_1<d_2$，并且 $u'(.)$ 为严格递减函数故我们有 $\gamma_1>0$，即我们有式(7.39)成立。

通过命题 7.8 我们可以求得模型(7.1)(7.20)的最优解，命题7.8表明若保险公司的风险约束(7.21c)为紧约束时，投保人会采用 I_2^* 作为最优保险政策。同命题 7.3 的结论类似，保险公司一阶下偏矩风险约束下，投保人的最优期望效用会随着保险公司风险容忍度的增加而增加，保险公司施加风险约束会降低投保人的最优期望效用。但是当保险公司的风险容忍度增加到使得风险约束(7.21c)为松弛约束时，投保

人会选择 I_1^* 作为最优保险政策。由于此时保险公司的风险约束对投保人最优保险政策的选择没有影响,因此保险公司容忍度的增加不会改变投保人的最优期望效用。

同样的,我们以指数风险偏好的投保人为例,研究一阶下偏矩风险约束对投保人最优保险政策的影响。

命题 7.9 假设投保人的效用函数为指数效用函数,即 $u(W)=c-be^{-RW}$,其中 $b,R>0$,R 为投保人的绝对风险厌恶系数。$d\geqslant 0$ 为式 (7.34)的解,$d_1,d_2,\tau\geqslant 0$ 为式(7.36)(7.37)(7.38)的解,则当 $h''=0$ 时有 $d=d_1$,当 $h''>0$ 时有 $d\geqslant d_1$。另外,若 $h'(EI_2^*)(1-F(d_2+\tau))\geqslant 1$,我们有 $d_2\geqslant d$。

证明:

对 $d\geqslant d_1$ 的证明同命题 7.4 的证明类似,故略去,以下证明当 $h'(EI_2^*)(1-F(d_2+\tau))\geqslant 1$ 时 $d_2\geqslant d$。

若假设 $d_2<d$,我们有 $EI_2^*>EI_1^*$,由于 $h(x)$ 为 x 的增函数,故有

$$G(d)=E(X-d-W_2+\underline{W}-h(EI_2^*))^+ < E((X-d)^+ \\ -W_2+\underline{W}-h(EI_1^*))^+ \leqslant \varepsilon$$

令 $G(d_2)=E(X-d_2-\tau)^+=E(X-d_2-W_2+\underline{W}-h(EI_2^*))^+$,容易证明 $G'(d_2)=[h'(1-F(d_2+\tau))-1](1-F(d_2+\tau))$。当 $h'(1-F(d_2+\tau))\geqslant 1$ 时,$G(d_2)$ 为 d_2 的单调增函数。此时若假设 $d_2<d$,我们有 $G(d_2)<G(d)<\varepsilon$,同 $G(d_2)=\varepsilon$ 矛盾。

由命题 7.9 我们可得若投保人具有指数风险偏好,且保费采用期望保费函数定价时,保险策略 I_1^* 和 I_2^* 具有相同的最低免赔额,两者之间的差异在于当损失超过 $d_1+\tau$ 时保险公司给予的补偿。而当保费函数满足 $h''>0$ 时,由 $d_2\geqslant d\geqslant d_1$ 可知此时保险公司一方面增加对投保人小额损失的补偿,同时会减少对投保人大额损失的补偿。图 7-10 给出了投保人指数风险偏好下采用期望价值保费函数时 I_1^* 和 I_2^* 的曲线。由图 7-4 和图 7-10 的对比我们可以发现,同采取 VaR 作

为风险约束不同,一阶下偏矩风险约束使得保险公司承担了较少的大额损失,从而导致投保人的期望效用降低。

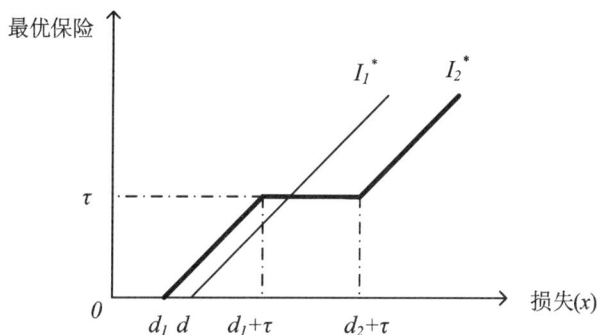

图 7 - 8　投保人指数风险偏好时保险公司期望损失风险约束下的最优保险政策

7.4　保险公司最大损失约束下的最优保险政策

本节研究保险公司最大损失约束下的最优保险政策。保险公司的最大损失约束可以写为以下形式:

$$I - h(EI) \leqslant K \qquad (7.44)$$

其中 $K \geqslant 0$ 代表保险公司可以承受的最大损失。若令 W_2 代表保险公司的初期财富,则在式(7.44)的约束下,保险公司的期末财富满足 $W_2 + h(EI) - I \geqslant W_2 - K$。同时由式(7.44)可知随着 K 的增加,保险公司的风险容忍程度增加。以下按照 7.2 节相同的方法,采用 2 个步骤求解对模型(7.1)(7.44)进行求解。在 7.4.1 节我们首先讨论第一步,即求解固定保费约束下的最优保险问题,在 7.4.2 节我们则讨论第二步,以确定保险公司最大损失约束下的最优保险政策。

7.4.1　保费固定约束下的最优保险政策

在本节我们考虑保费固定约束下模型(7.1)(7.44)的求解。当保费 $h(EI) = \pi$ 时,模型(7.1)(7.44)可以写作

$$\max_I \quad Eu(W_1 - X + I - \pi) \qquad (7.45a)$$

$$s.t. \quad EI = h^{-1}(\pi) \qquad (7.45b) \qquad (7.45)$$

$$0 \leqslant I \leqslant \max(K + \pi, X) \qquad (7.45c)$$

其中 $h^{-1}(.)$ 为 $h(.)$ 的逆函数。

采用上面 2 节类似的方法,我们可以证明以下命题成立:

命题 7.10 模型(7.45)的解可以写作以下形式

$$I^*(x) = \begin{cases} 0 & \text{if } x \leqslant d \\ x - d & \text{if } d < x \leqslant d + \delta \\ \delta & \text{if } x > d + \delta \end{cases} \qquad (7.46)$$

其中 $d \geqslant 0$ 代表最小免赔额,$\delta = K + \pi$ 代表最高保险额度。d 和 δ 均为 π 的函数,满足

$$EI^* = \int_d^{d+\delta} (x - d) f(x) dx + \delta(1 - F(d + \delta)) = h^{-1}(\pi)$$

$$(7.47)$$

$$\delta = K + \pi \qquad (7.48)$$

证明略。

7.4.2 确定最优的保险策略

在 7.4.1 节我们求解了保费固定约束下的最优保险模型,在式(7.47)和(7.48)中 d 和 δ 均为保费 π 的函数。在本节我们求解最优的保费设置,即最优的 d,δ,从而求得模型(7.1)(7.44)的最优解,得到保险公司最大损失约束下的最优保险政策。

命题 7.11 模型(7.1)(7.44)的最优解如式(7.46)所示,其中 d,$\delta > 0$ 满足

$$u'(W_1 - d - h(EI_2^*))[1 - h'(EI_2^*) + h'(EI_2^*)F(d)]$$

$$= h'(EI_2^*)E[u'(W_1 - X + h(EI_2^*))1_{\{X \leqslant d\}}] \qquad (7.49)$$

$$\delta = K + \pi \qquad (7.50)$$

其中 $F(x)$ 为损失 X 的累积概率分布函数。同时若令 $V = Eu(W -$

$X+I_2^*-h(EI_2^*))$,则我们有 $\partial V/\partial K\geq0$ 成立,故投保人的最优期望效用函数随着保险公司风险容忍程度的增加而增加。

证明略。

当投保人的效用函数为指数效用函数时,我们有以下命题成立。

命题 7.12 假设投保人效用函数为指数效用函数,即 $u(W)=c-be^{-RW}$,其中 $b,R>0$,R 为投保人的绝对风险厌恶系数。$d,\delta\geq0$ 为式 (7.49)(7.50)的解,d_a 为以下 Arrow 模型的解,满足

$$u'(W_1-d-h(EI_a^*))=h'(EI_a^*)Eu'(W_1-X+I_a^*-h(EI_a^*))$$

$$(7.51)$$

其中 $I_a^*=(x-d_a)^+$,则当 $h''=0$ 时我们有 $d=d_a$,而当 $h''>0$ 时,我们有 $d\leq d_a$。

证明同命题 7.4 的证明类似,故略去。

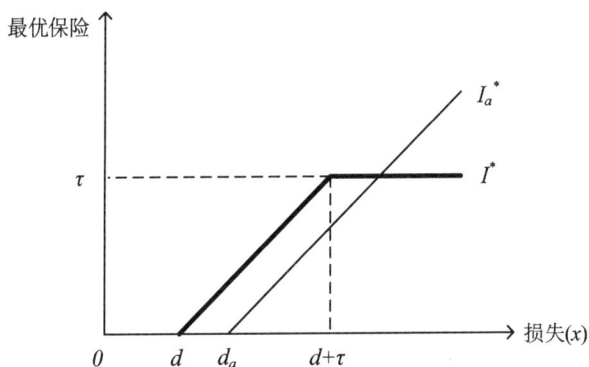

图 7-9 投保人指数风险偏好时保险公司最大损失约束下的最优保险政策

由命题 7.12 我们可得若投保人具有指数风险偏好,且保费采用期望保费函数定价时,保险策略 I_1^* 和 I_2^* 具有相同的最低免赔额。而当保费函数满足 $h''>0$ 时,由 $d\geq d_1$ 可知此时保险公司会增加对投保人小额损失的补偿,但不会对最高保险额以上的损失提供赔偿。图 7-9 给出了投保人指数风险偏好下 I_a^* 和 I^* 的曲线,此时投保人无法将自己厌恶的大额损失转移出去,从而导致自己的期望效用降低。

7.5　保险公司不同风险约束下最优保险政策的比较

　　VaR 定义为某一概率水平下的最大损失,由于其概念简单,可以将金融机构总体的市场风险量化为一个数字,因而在实际中得到了广泛的应用。但是 VaR 在理论上存在缺陷,例如它只关注损失的概率而忽视损失的大小,因此有可能导致风险被低估。由图 7 - 6 可知,同不采取风险约束相比,保险公司在 VaR 风险约束下会同时增加对大额损失和小额损失的补偿,投保人由于能将更多的大额损失转移出去,使得保险公司面临更加严重的风险暴露。

　　期望损失考虑了在目标值以下的损失大小,弥补了 VaR 只关注损失频率而忽视损失大小的缺陷。因而同 VaR 相比,期望损失风险约束下保险公司会采取更谨慎的风险承担策略。由图 7 - 10 可知,保险公司在期望损失风险约束下会根据损失严重程度设置不同的风险承担策略,即对大额损失设置较高的免赔额度,而对小额损失设置较低的免赔额度。在这样的风险承担策略下,保险公司增加了对投保人小额损失的补偿,减少对投保人大额损失的补偿,从而降低了自己的风险暴露,但也因而导致投保人的期望效用降低。但是保险公司对 $d_2 + \delta$ 以上损失的全额赔偿表明当投保人遭受巨额损失时,保险公司依然会面临较严重的赔偿压力。

　　期望损失风险约束只是对保险公司的期望损失而不是最大损失施加约束,本章的第三个模型研究了保险公司最大损失约束下的最优保险政策。由图 7 - 9 可知此时保险公司会增加对投保人小额损失的补偿,但不会对最高保险额以上的损失提供赔偿。即保险公司只是在保险金额限度内支付投保人所发生的费用,超过此限额时,则保险公司停止支付。显然此时保险公司的风险约束比 VaR 和期望损失风险约束更加严格,而无法将大额损失转移出去也降低了投保人的期望效用。

　　以下我们以具体的算例来展示在保险公司上述 3 个风险约束条件

下的最优保险政策。为简化运算,假设投保人的效用函数为指数效用函数 $u(W)=a^{-1}(1-e^{-aW})$,其中 $a>0$ 代表投保人的绝对风险厌恶系数,保费函数为期望价值保费函数,即 $h(EI)=(1+\theta)EI$,其中 $\theta\geqslant 0$。投保人的损失为服从指数分布的随机变量,其概率密度函数可以写为 $f(x)=\lambda e^{-\lambda x}$,$x\geqslant 0$,其中 λ 为大于 0 的常数。为了对各个模型进行比较,具体参数设置如下:$\lambda=0.5,\theta=0.2,a=0.2,W_2=2,\underline{W}=K=1,\alpha=0.01,\varepsilon=0.5$,以下我们考虑各个模型的求解。

7.5.1 保险公司 VaR 风险约束的算例

本节我们给出模型 (7.1)(7.2) 的算例,由 $1-\alpha=\text{Pr}(X\leqslant\overline{x})=1-e^{-\lambda\overline{x}}$,我们有

$$\overline{x}=-\lambda^{-1}\ln\alpha \tag{7.52}$$

若 $I_1^*(x)=(x-d)^+$ 为模型的最优解,则由式我们有

$$
\begin{aligned}
(1+\theta)(\lambda e^{-ad}-ae^{-\lambda d})=\lambda-a &\quad \text{if } \lambda\neq a \\
(1+\theta)(1+\lambda d)e^{-\lambda d}=1 &\quad \text{if } \lambda=a
\end{aligned}
\tag{7.53}
$$

通过求解式 (7.53) 我们可以求得 d。如果 d 满足保险公司的风险约束式 (7.10),则由命题 7.3 可得 $I_1^*(x)=(x-d)^+$ 此时为最优保险政策。

否则如果 d 不满足保险公司的风险约束式 (7.10),令 $I_2^*(x)$ 如式 (7.8) 所示,则我们有

$$
\begin{aligned}
h(EI_2^*)=(1+\theta)\Big[&\int_d^{d+\tau}(x-d)\lambda e^{-\lambda x}\,\mathrm{d}x+\int_{d+\tau}^{\overline{x}}\tau\lambda e^{-\lambda x}\,\mathrm{d}x \\
&+\int_{\overline{x}}^{+\infty}(x-d)\lambda e^{-\lambda x}\,\mathrm{d}x\Big]=(1+\theta)\lambda^{-1}e^{-\lambda d}(1-e^{-\lambda\tau}) \\
&+(1+\theta)(\overline{x}-d-\tau+\lambda^{-1})e^{-\lambda\overline{x}}
\end{aligned}
$$

将上式代入式 (7.12),我们有

$$\tau=W_2-\underline{W}+(1+\theta)\lambda^{-1}e^{-\lambda d}(1-e^{-\lambda\tau})+(1+\theta)(\overline{x}-d-\tau+\lambda^{-1})e^{-\lambda\overline{x}} \tag{7.54}$$

故由命题 7.4 和式 (7.53) 我们可以求得 d,由式 (7.54) 我们可以求得 τ。

在给定参数设置下,由式 (7.52) 可以求得 $\overline{x}\approx 23.03$,由式 (7.53) 可

以求得 $d \approx 5.25$。将 $h(EI_1^*) = (1+\theta)\lambda^{-1}e^{-\lambda d} \approx 2.10$ 代入式(7.10)后我们有

$$W_2 - \underline{W} + h(EI_1^*) - (\overline{x} - d)^+ \approx -14.68 < 0$$

即此时 $I_1^*(x) = (x-3.56)^+$ 不满足保险公司的风险约束,由命题 7.4 我们有 $d_1 = d \approx 5.25$。同时,由式(7.54)可以求得 $\tau \approx 1.92$,故此时的最优保险政策为

$$I_2^*(x) = \begin{cases} 0 & \text{if } x \leqslant 5.25 \\ x - 5.25 & \text{if } 5.25 < x \leqslant 7.17 \\ 1.92 & \text{if } 7.17 < x \leqslant 23.03 \\ x - 5.25 & \text{if } x > 23.03 \end{cases} \tag{7.55}$$

7.5.2 保险公司期望损失风险约束的算例

采用上节相同的方法,我们可以通过求解式(7.53)得到 d。如果 d 满足保险公司的风险约束式(7.35),则由命题 7.8 可得 $I_1^*(x) = (x-d)^+$ 此时为最优保险政策。

否则,如果 d 不满足保险公司的风险约束式(7.35),令 $I_2^*(x)$ 如式(7.32)所示,由命题 7.8 可得 $d_1 = d$。同时我们有

$$\begin{aligned} h(EI_2^*) &= (1+\theta)[E(X-d_1)^+ - E(X-d_1-\tau)^+ + E(X-d_2)^+] \\ &= \lambda^{-1}(1+\theta)[e^{-\lambda d_1} - e^{-\lambda(d_1+\tau)} + e^{-\lambda d_2}] \\ &= \lambda^{-1}(1+\theta)e^{-\lambda d_1}[1 - e^{-\lambda\tau} + e^{-\lambda(d_2-d_1)}] \end{aligned}$$

将上式代入式(7.37)和(7.38)可得以下 2 个方程:

$$\varepsilon = E(X-d_2-\tau)^+ = \lambda^{-1}e^{-\lambda(d_2+\tau)} \tag{7.56}$$

$$\tau = W_2 - \underline{W} + \lambda^{-1}(1+\theta)e^{-\lambda d_1}[1 - e^{-\lambda\tau} + e^{-\lambda(d_2-d_1)}] \tag{7.57}$$

求解式(7.56)和式(7.57)我们可以求得 d_2 和 τ。

在给定参数设置下我们可以求得 $d \approx 5.25$。将 $\pi = h(EI_1^*) = (1+\theta)\lambda^{-1}e^{-\lambda d} \approx 2.10$ 代入式(7.35)可得

$$E[\underline{W} + (X-d)^+ - W_2 - h(EI_1^*)]^+ \approx 0.94 > \varepsilon = 0.5 \tag{7.58}$$

即 $I_1^*(x) = (x-5.25)^+$ 不满足约束式(7.35)。由命题 7.9 我们有 $d_1 =$

$d \approx 5.25$,由式(7.56)和式(7.57)可以求得 $d_2 \approx 8.44, \tau \approx 3.07$,故此时最优保险政策为

$$I_2^*(x) = \begin{cases} 0 & \text{if } x \leqslant 5.25 \\ x-5.25 & \text{if } 5.25 < x \leqslant 8.32 \\ 3.07 & \text{if } 8.32 < x \leqslant 11.51 \\ x-8.44 & \text{if } x > 11.51 \end{cases} \qquad (7.59)$$

7.5.3 保险公司最大损失约束的算例

采用 7.5.2 节相同的方法,我们可以通过求解式(7.53)得到 d。由

$$h(EI^*) = (1+\theta)\left[\int_d^{d+\delta}(x-d)\lambda e^{-\lambda x}\,\mathrm{d}x + \delta(1-F(d+\delta))\right]$$
$$= (1+\theta)\lambda^{-1}e^{-\lambda d}(1-e^{-\lambda\delta})$$

将上式代入式(7.50)有

$$\delta = K + (1+\theta)\lambda^{-1}e^{-\lambda d}(1-e^{-\lambda\delta}) \qquad (7.60)$$

通过求解式(7.60)我们可以求得 δ。

在给定参数设置下,我们可以求得 $d \approx 5.25, \delta \approx 1.56$,故此时最优保险政策为

$$I^*(x) = \begin{cases} 0 & \text{if } x \leqslant 5.25 \\ x-5.25 & \text{if } 5.25 < x \leqslant 6.81 \\ 1.56 & \text{if } x > 6.81 \end{cases} \qquad (7.61)$$

图 7-10 给出了保险公司 3 种不同风险约束下的最优保险政策,由图中可以直观地看到保险公司 VaR 风险约束下,投保人可以将最多的大额损失转移给保险公司,使得保险公司的风险暴露程度最高,其次是期望损失风险约束,而最大损失约束下投保人无法将超过某一保险额以上的损失转移出去,此时保险公司的风险暴露程度最低。

7.6 小结

保险公司承担了投保人转移过来的风险,在确定保险政策的时候

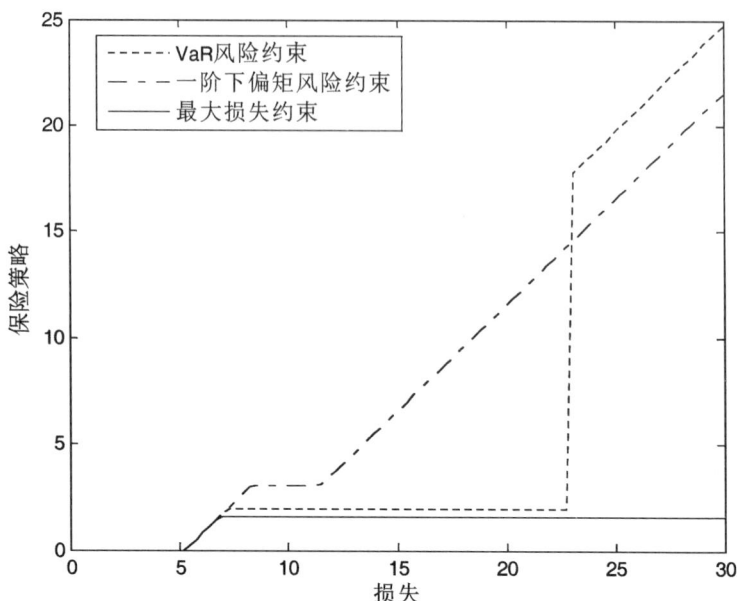

图 7-10　保险公司不同风险约束下投保人最优保险政策的比较

需要考虑自身的风险承受能力。本章采用 VaR、期望损失以及最大损失作为风险测度,讨论了保险公司在制定最优保险政策的时候,如何使自身的风险暴露不超过给定的阈值。

　　VaR 是实际中应用比较普遍的下边风险测度,因而本章第二节首先研究了保险公司 VaR 风险约束下的最优保险政策。通过理论证明我们发现同不采取风险约束相比,保险公司在 VaR 风险约束下会同时增加对大额损失和小额损失的补偿。此时投保人可以转移更多的大额损失给保险公司,从而使保险公司面临更加严重的风险暴露。

　　由于 VaR 只关注损失的概率而忽视损失的大小,因此有可能导致风险被低估。期望损失考虑了某一目标以下的期望损失大小,弥补了 VaR 只关注损失频率而忽视损失大小的缺陷。同 VaR 相比,期望损失风险约束下保险公司会采取更谨慎的风险承担策略,会根据损失严重程度设置不同的风险承担策略。即对大额损失设置较高的免赔额度,而对小额损失设置较低的免赔额度。同采取 VaR 作为风险约束不同,期望损失风险约束使得保险公司承担了较少的大额损失,也因而导致投保人的期望效用降低。但是保险公司对大额损失的全额赔偿表明当投保人遭受巨额损失时,保险公司依然会面临较严重的赔偿压力。

期望损失风险约束只是对保险公司的期望损失而不是最大损失施加约束,本章的第三个模型研究了保险公司最大损失约束下的最优保险政策。显然同期望损失风险约束相比,最大损失约束条件更加严格。此时保险公司只是在保险金额限度内支付投保人所发生的费用,超过此限额时,则保险公司停止支付。此时投保人无法将自己厌恶的大额损失转移出去,从而导致自己的期望效用降低,而保险公司相应降低了自身的风险暴露。

保险公司作为金融中介,在提高社会经济资本分配效率的同时,也为社会提供专业的风险管理手段。众多文献指出保险市场的发展促进了经济的发展,而设计合理的保险合约对于保险市场的发展有着重要的意义。医疗保险费用的高速增长是近几十年在各个国家普遍出现的现象,如何利用有限的社会资源使得人们的社会福利最大化,从微观层面上设计合理的保险合约显然有着重要意义。

8 结论与展望

8.1 本书的主要工作和结论

本书围绕极端尾部风险的度量和管理,主要介绍了以下方面的研究工作和结论:

(一)系统介绍了金融风险度量理论的最新研究进展

风险是一个主观的概念,对未来可能发生的不确定性,不同主体由于决策目的的不同,对风险的量化角度也会不同。基于不同的决策目的,我们梳理了文献中所提出的各种度量方法,并将其分为以下三类:度量风险感受的风险测度、度量风险价格的风险测度以及度量风险暴露或者损失的风险测度。我们给出了上述三类风险测度的具体内容,并建立了各类风险测度之间的联系。

(二)极值理论和期货保证金设定

期货交易是一种杠杆交易,交易中蕴含着巨大的风险,而期货保证金是期货交易所控制期货投资者风险暴露,保证期货市场健康稳健发展的重要手段。由于期货交易所更为关注的是极端市场情况下期货投资者可能遭受的损失,因此我们采用极值理论的 POT 模型来拟和数据的尾部分布,采用 VaR 和 CVaR 作为风险测度并建立相应的保证金模型。基于伦敦铜期货合约和上海铜期货合约的实证研究表明,两种合约的保证金设定都能以较高的置信水平覆盖投资者可能的极端损失。

(三)非对称跳跃分布下的最优投资组合

跳跃风险是影响投资者资产配置的一个非常重要的因素。本书通过建立一个双指数跳跃扩散模型,允许跳跃幅度在不同方向上是非对称的,从而可以区分好消息和坏消息对资产价格波动的非对称影响。基于上证指数的实证结果表明,我国股指收益率的跳跃分布是非对称的,利空消息导致的向下跳跃平均幅度要显著高于利多消息导致的向上跳跃平均幅度。对于风险厌恶的投资者来说,当跳跃分布变得更加不对称时,即向上跳跃概率(平均幅度)同向下跳跃概率(平均幅度)的偏离程度越大,忽略非对称跳跃分布而导致的经济成本就越高。特别地,更加左偏的跳跃分布会导致投资者付出更多的经济成本。

(四)动态跳跃风险的最优投资组合

在不同的市场环境下,资产价格跳跃的概率,或者说跳跃的强度是不同的。我们建立了一个跳跃强度的动态模型,以刻画突发事件对资产价格波动的动态持续性影响。基于标准普尔 500 指数期货和沪深 300 指数的实证结果表明,该模型在市场发生重大突发事件的时候,能够准确地刻画跳跃强度的动态变化。同时,跳跃强度以及跳跃强度的动态过程,对于投资者的投资决策也会有重要影响。考虑资产价格跳跃强度的动态变化,有助于提高投资组合的样本外绩效。

(五)资产联动跳跃下的均值方差组合

在系统性突发事件的影响下,不同资产的价格可能会出现联动跳跃。本书构建了多个资产的联动跳跃动态模型,允许不同资产的价格可以同步跳跃,也可以独立地跳跃。基于标准普尔 500 指数期货和日经 225 指数期货的实证研究表明,2 种期货在 21 世纪初倾向于独立跳跃,之后,特别是在 2008 年次贷危机之后,2 种期货合约倾向于共同跳跃。最后,我们发现,在求解均值方差投资组合问题的时候,考虑时变的跳跃风险有助于提高投资组合的绩效。

(六)保险公司风险约束下的最优保险政策

保险公司在承担投保人转移过来的风险的时候,需要考虑自身的风险承受能力。本书研究了保险公司 VaR、期望损失以及最大损失风险约束下的最优保险政策,并对不同风险约束对保险政策的影响进行了比较研究。我们发现,采用 VaR 作为风险约束时,保险公司会同时增加对大额损失和小额损失的补偿,使保险公司面临更加严重的风险暴露。相比于 VaR 风险约束,期望损失风险约束使得保险公司承担了较少的大额损失,但是当投保人遭受巨额损失的时候,保险公司依然会面临较严重的赔偿压力。最后,最大损失风险约束会使保险公司的风险暴露最低,此时保险公司只是在保险金额限度内支付投保人所发生的费用,超过此限额时,则保险公司停止支付。

8.2　展望

本文对极端尾部风险度量和管理的几个问题展开了研究,取得了一些阶段性成果。然而,很多问题尚待进行进一步深入的研究。

（一）存在跳跃风险时的尾部风险度量和预测

在突发事件影响下,风险资产价格出现大幅跳跃和波动(Eraker,2004；Barndorff-Nielsen & Shephard,2006),持有风险资产的投资者因而可能遭受巨大损失。2008 年金融危机后,风险度量和管理,特别是与尾部风险相关的风险度量和管理,一直是监管者和决策者讨论的焦点。作为对 2008 年美国金融危机的直接回应,巴塞尔银行监管委员会(BCBS,2009)推出了一系列新法规,强调了在计算管理市场风险的资本要求时纳入事件风险的重要性。如何在对组合的(多期)尾部风险预测的时候考虑(时变)跳跃风险的影响,值得进一步的研究。

（二）考虑大量资产联动跳跃风险的最优投资组合

本书的第六章考虑了 2 个风险资产联动跳跃情况下的最优投资组合问题。当资产个数增加到 2 个以上的时候,第六章的模型由于参数太多就变得不适用了。如何构建模型来刻画大量资产的时变联动跳跃过程,是一个具有挑战性但具有现实意义的问题。copula 函数是一种对多个资产相关性建模的有效方法,它可以用来刻画多个资产之间的极端共同变动,即尾部相关性。如何通过构建动态 copula 函数对多个资产的收益率建模,并求解最优投资组合问题,值得进一步研究。

（三）包含期权衍生品时的最优投资组合问题

本书建立的投资组合模型假设投资者资产组合中仅仅包括股票或期货等线性资产,而不包括期权衍生产品等非线性资产。Liu and Pan (2003)指出在构建动态投资组合策略时,在组合中加入期权衍生产品可以有效改善组合的风险收益特征。由于期权是对冲极端尾部风险的有效工具,如何在资产组合中引入期权以对冲极端尾部风险,值得进一步研究。

参考文献

[1] Aase, K., 2002. Perspectives of risk sharing. Scandinavian Actuarial Journal 2002, 73 – 128.

[2] Acerbi, C., 2002. Spectral measures of risk: A coherent representation of subjective risk aversion. Journal of Banking and Finance 26, 1505 – 1518.

[3] Acerbi, C., Tasche, D., 2002. On the coherence of expected shortfall. Journal of Banking and Finance 26, 1487 – 1503.

[4] Ahn, D.H., Boudoukh, J., Richardson, M., Whitelaw, R.F., 1999. Optimal risk management using options. Journal of Finance 54, 359 – 375.

[5] Ait-Sahalia, Y., Cacho-Diaz, J., Hurd, T.R., 2009. Portfolio choice with jumps: A closed-form solution. Annals of Applied Probability 19, 556 – 584.

[6] Ait-Sahalia, Y., Cacho-Diaz, J., Laeven, R.J.A., 2015. Modeling financial contagion using mutually exciting jump processes. Journal of Financial Economics 117, 585 – 606.

[7] Ait-Sahalia, Y., Jacod, J., 2009. Testing for jumps in a discretely observed process. Annals of Statistics 37, 184 – 222.

[8] Artzner, P., Delbaen, F., Eber, J.M., Heath, D., 1999. Coherent measures of risk. Mathematical Finance 9, 203 – 228.

[9] Barberis, N., 2000. Investing for the Long Run when Returns Are Predictable. Journal of Finance 55, 225 – 264.

[10] Barndorff-Nielsen, O.E., Shephard, N., 2006. Econometrics of

Testing for Jumps in Financial Economics Using Bipower Variation. Journal of Financial Econometrics 4, 1 – 30.

[11] Basak, S., Shapiro, A., 2001. Value-at-risk-based risk management: Optimal policies and asset prices. Review of Financial Studies 14, 371 – 405.

[12] Bawa, V., Lindenberg, E.B., 1977. Capital market equilibrium in a mean-lower partial moment framework. Journal of Financial Economics 5, 189 – 200.

[13] Bawa, V. S., 1975. Optimal Rules for Ordering Uncertain Prospects. Journal of Financial Economics Letters 2, 95 – 121.

[14] BCBS, 2009. Revisions to the Basel II market risk framework. BIS.

[15] Beder, T., 1995. VaR: Seductive but dangerous. Financial Analysts Journal 51, 12 – 24.

[16] Berkowitz, J., 2001. Testing density forecasts, with applications to risk management. Journal of Business and Economic Statistics 19, 465 – 474.

[17] Bollerslev, T., Tauchen, G., Zhou, H., 2009. Expected Stock Returns and Variance Risk Premia. Review of Financial Studies 22, 4463 – 4492.

[18] Booth, G.G., Broussard, J.P., Martikainen, T., Puttonen, V., 1997. Prudent Margin Levels in the Finnish Stock Index Market. Management Science 43, 1177 – 1188.

[19] Borch, K., 1968. The economics of uncertainty. Princeton University Press, Princeton.

[20] Brachinger, H.W., Weber, M., 1997. Risk as a primitive: a survey of measures of perceived risk. OR Spektrum 19, 235 – 250.

[21] Brandt, M.W., 2010. Portfolio Choice Problems. In: Handbook of Financial Econometrics: Tools and Techniques. Amsterdam: North-Holland, pp. 269 – 336.

[22] Brandt, M. W., Goyal, A., Santa-Clara, P., Stroud, J. R., 2005. A Simulation Approach to Dynamic Portfolio Choice with an Application to Learning About Return Predictability. Review of Financial Studies 18, 831 – 873.

[23] Brennan, M. J., 1986. A theory of Price Limits in Futures Markets. Journal of Financial Economics 16, 213 – 233.

[24] Broussard, J.P., 2001. Extreme-value and margin setting with and without price limits. Quarterly Review of Economics and Finance 41, 365 – 385.

[25] Broussard, J. P., Booth, G. G., 1998. The behavior of the extreme values in Germany's stock index futures: an application to intradaily margin setting. European Journal of Operational Research 104 393 – 402.

[26] Buhlmann, H., 1970. Mathematical Methods in Risk Theory. Springer-Verlag, Berlin.

[27] Buhlmann, H., 1980. An Economic Premium Principle. ASTIN Bulletin 11, 52 – 60.

[28] Campa, J.M., Chang, P.H.K., 1998. The forecasting ability of correlations implied in foreign exchange options. Journal of International Money and Finance 17, 855 – 880.

[29] Carr, P., Wu, L., 2009. Variance Risk Premiums. Review of Financial Studies 22, 1311 – 1341.

[30] Chan, W. H., 2004. Conditional correlated jump dynamics in foreign exchange. Economics Letters 83, 23 – 28.

[31] Chan, W. H., 2008. Dynamic Hedging with Foreign Currency

Futures in the Presence of Jumps. Studies in Nonlinear Dynamics & Econometrics 12.

[32] Chan, W.H., 2009. Optimal Hedge Ratios in the Presence of Common Jumps. Journal of Futures Markets Forthcoming.

[33] Chan, W.H., Maheu, J.M., 2002. Conditional jump dynamics in stock market returns. Journal of Business & Economic Statistics 20 377 – 389.

[34] Chan, W.H., Young, D., 2006. Jumping hedges: An examination of movements in copper spot and futures markets. Journal of Futures Markets 26, 169 – 188.

[35] Chicago Mercantile Exchange, 1995 Standard Portfolio Analysis of Risk (SPAN) Overview. .

[36] Chopra, V. K., 1993. Improving Optimization. Journal of Investing 8, 51 – 59.

[37] Chou, P.H., Chou, R.K., Ko, K.C., Chao, C.Y., 2013. What affects the cool-off duration under price limits? Pacific Basin Finance Journal 24, 256 – 278.

[38] Chou, R.Y., Liu, N., 2010. The economic value of volatility timing usinga range-based volatility model. Journal of Economic Dynamics and Control 34, 2288 – 2301.

[39] Christoffersen, P., Errunza, V., Jacobs, K., Langlois, H., 2012a. Is the Potential for International Diversification Disappearing? A Dynamic Copula Approach. Review of Financial Studies 25, 3711 – 3751.

[40] Christoffersen, P., Jacobs, K., Ornthanalai, C., 2012b. Dynamic jump intensities and risk premiums: Evidence from S&P0 returns and options. Journal of Financial Economics 106, 447 – 472 .

[41] Coombs, C., Bowen, J., 1971. A Test of VE-Theories of Risk and the Effect of the Central Limit Theorem. Acta Psychologica 35, 15 – 28.

[42] Coombs, C., Huang, L., 1970. Polynominal Psychophysics of Risk. Journal of Mathematical Psychology 7, 317 – 338.

[43] Coronado, M., 2000. Extreme Value Theory (EVT) for risk managers: Pitfalls and Opportunities in the use of EVT in Measuring VaR Proceedings of the VIII Spanish and III Italian-Spanish Conference on Actuarial and Financial Mathematics.

[44] T.O.C. Corporation, 1997. CM-TIMS User's Guide. .

[45] Cotter, J., 2001. Margin Exceedness for European Stock Index Futures Using Extreme Value Theory. Journal of Banking and Finance 25, 1475 – 1502.

[46] Cotter, J., Dowd, K., 2006. Extreme spectral risk measures: An application to futures clearinghouse margin requirements. Journal of Banking and Finance 30, 3469 – 3485.

[47] Cotter, J., Dowd, K., 2007. Exponential Spectral Risk Measures. Working Paper.

[48] Cummins, J.D., 1990. Asset Pricing Models and Insurance Ratemaking ASTIN Bulletin 20, 125 – 166.

[49] Dacorogna, M.M., Müller, U.A., Pictet, O.V., Vries, C.D., 1995. The distribution of extremal foreign exchange rate returns in extremely large data sets. Discussion Paper 95 – 70, Tinbergen Institute, .

[50] Danielsson, J., Haan, L., Pend, L., Vries, C.G., 2001. Using a bootstrap method to choose the sample fraction in tail index estimation. Journal of Multivariate Analysis 76, 226 – 248.

[51] Danielsson, J., Vries, C.G., 1997. Tail index and quantile

estimation with very high frequency data. Journal of Empirical Finance 4, 241 – 257.

[52] Das, S. R., Uppal, R., 2004. Systemic risk and international portfolio choice. Journal of Finance 59, 2809 – 2834.

[53] Davison, A. C., Smith, R. L., 1990. Models for exceedances over high thresholds (with discussion). Journal of Royal Statistical Society, Series B 52 393 – 442.

[54] Delbaen, F., 2002. Coherent risk measures on general probability spaces. Working Paper.

[55] DeMiguel, V., Garlappi, L., Uppal, R., 2009. Optimal versus naive diversification: How inefficient is the 1/N portfolio strategy. Review of Financial Studies 22, 1915 – 1953.

[56] Denneberg, D., 2002. Conditional expectation for monotone measures, the discrete case. Journal of Mathematical Economics 37, 105 – 121.

[57] Dowd, K., 2002. Measuring Market Risk. John Wiley & Sons Ltd..

[58] Duffie, D., Pan, J., 1997. An Overview of Value-at-Risk. Journal of Derivatives 4, 7 – 49.

[59] Embrechts, P., Kluppelberg, C., Mikosch, T., 1997. Modelling Extremal Events for Insurance and Finance. Springer, New York.

[60] Embrechts, P.E., 2000. Extremes and Integrated Risk Management. Risk Waters Group, London.

[61] Engle, R. F., 1982. Autoregressive conditional heteroskedasticity with estimates of the variance of the United Kingdom inflation. Econometrica 50, 987 – 1007.

[62] Engle, R. F., Kroner, K. F., 1995. Multivariate Simultaneous

Generalized Arch. Econometric Theory 111，122 – 150.

[63] Eraker，B.，2004. Do stock prices and volatility jump? Reconciling evidence from spot and option prices. Journal of Finance 59，1367 – 1404.

[64] Figlewski，S.，1984. Margins and market integrity：Margin setting for stock index futures and options. The Journal of Futures Markets 4，385 – 416.

[65] Fishburn，P.C.，1977. Mean-Risk Analysis with Risk Associated with Below-Target Returns. The American Economic Review 67，116 – 126.

[66] Fleming，J.，Kirby，C.，Ostdiek，B.，2001. The economic value of volatility timing. Journal of Finance 56，329 – 352.

[67] Fleminga，J.，Kirby，C.，Ostdiek，B.，2003. The economic value of volatility timing using "realized" volatility. Journal of Financial Economics 67，473 – 509.

[68] Follmer，H.，Schied，A.，2002. Convex measures of risk and trading constraints. Finance and Stochastics 6，429 – 447.

[69] Frey，R.，McNeil，A.J.，2002. VaR and expected shortfall in portfolios of dependent credit risks：Conceptual and practical insights. Journal of Banking and Finance 26，1317 – 1334.

[70] Gay，G.D.，Hunter，W.C.，Kolb，R.W.，1986. A comparative analysis of futures contract margins. The Journal of Futures Markets 6，307 – 324.

[71] Gerber，H.，Shiu，E.，1994. Option pricing by Esscher transforms (with discussions). Transactions of the Society of Actuaries 46，99 – 191.

[72] Gerber，H.U.，1974. On additive premium calculation principles. ASTIN Bulletin 7，215 – 222.

[73] Gerber, H.U., Pafumi, G., 1998. Utility functions: from risk theory to finance. North American Actuarial Journal 2, 74 – 100.

[74] Goorbergh, R.v.d., 1999. Value-at-Risk and Least Squares Tail Index Estimation. De Nederlandsche Bank.

[75] Goovaerts, M., Kaas, R., Dhaene, J., 2003. Economic capital allocation derived from risk measures. Insurance Mathematics and Economics 32, 168 – 169.

[76] Grootveld, H., Hallerbach, W., 1999. Variance vs downside risk: Is there really that much difference? European Journal of Operational Research 114, 304 – 319.

[77] Guidolin, M., Timmermann, A., 2007. Asset allocation under multivariate regime switching. Journal of Economic Dynamics and Control 31 3503 – 3544.

[78] Henryk, G., Silvia, M., 2006. On a Relationship Between Distorted and Spectral Risk Measures. Working Paper.

[79] Hill, B.M., 1975. A simple general approach to inference about the tail of a distribution. Annals of Statistics 46, 1163 – 1173.

[80] Huang, J., Wu, L., 2004. Specification analysis of option pricing models based on time-changed levy processes. Journal of Finance 59, 1405 – 1439.

[81] Huisman, R., Koedijik, K.G., Pownall, R.A.J., 1998. VaR-x: Fat Tails in Financial Risk Management. Journal of Risk 1, 47 – 62.

[82] Huisman, R., Koedijk, K., Kool, C., Palm, F., 1997. Fat Tails in Small Sample Working Paper.

[83] Hunter, W.C., 1986. Rational margins on futures contracts: Initial margins. Review of Research in Futures Markets 5, 160 – 173.

[84] Jarque, C. M., Bera, A. K., 1987. A Test for Normality of Observations and Regression Residuals. International Statistical Review 55, 163 – 172.

[85] Jarrow, R., 2002. Put option premiums and coherent risk measures. Mathematical Finance 12, 135 – 142.

[86] Jia, J., Dyer, J.S., 1996. A standard measure of risk and risk-value models. Management Science 42, 1691 – 1705.

[87] Jia, J., Dyer, J.S., Butler, J.C., 1999. Measures of perceived risk. Management Science 45, 519 – 532.

[88] Jorion, P., 1995. Predicting Volatility in the Foreign Exchange Market. Journal of Finance 50, 507 – 528.

[89] Kaeck, A., 2013. Asymmetry in the jump-size distribution of the S&P 500: Evidence from equity and option markets. Journal of Economic Dynamics and Control 37, 1872 – 1888.

[90] Kahn, P.M., 1962. An Introduction to Collective Risk Theory and its Application to Stop Loss Reinsurance. Transactzons, Socicty of Actualies XIV 400 – 425.

[91] Karatzas, I., Shreve, S.E., 1998. Methods of Mathematical Finance. Springer-Verlag, New York.

[92] Kirby, C., Ostdiek, B., 2012. It's All in the Timing: Simple Active Portfolio Strategies that Outperform Naive Diversification. Journal of Financial and Quantitative Analysis 47, 437 – 467.

[93] Kofman, P., 1993. Optimizing Futures Margins with Distribution Tails. Advances in Review of Futures Markets 19, 127 – 152.

[94] Kou, S., Wang, H., 2004. Option pricing under a double exponential jump diffusion model. Management Science 50, 1178 – 1192.

[95] Kupiec, P.H., 1995. Techniques for verifying the accuracy of

risk measurement models. Journal of Derivatives 3, 73 – 84.

[96] Lee, M.-C., Cheng, W.-H., 2007. Correlated jumps in crude oil and gasoline during the Gulf War Applied Economics 39, 903 – 913.

[97] Lee, S., Mykland, P., 2008. Jumps in financial markets: a new nonparametric test and jump dynamics. Review of Financial Studies 21, 2535 – 2563.

[98] Li, X., Zhou, C., 2018. Dynamic asset allocation with asymmetric jump distribution. China Finance Review International 8, 387 – 398.

[99] Liu, J., 2007. Portfolio Selection in Stochastic Environments. Review of Financial Studies 20, 1 – 39.

[100] Liu, J., Longstaff, F. A., Pan, J., 2003. Dynamic Asset Allocation with Event Risk. The Journal of Finance 58, 231 – 259.

[101] Liu, J., Pan, J., 2003. Dynamic derivative strategies. Journal of Financial Economics 69, 401 – 430.

[102] Ljung, G., Box, G.E.P., 1978. On a Measure of Lack of Fit in Time Series Models. Biometrika 66, 67 – 72.

[103] Longin, F.M., 1995. Optimal Margins in Futures Markets: A Parametric Extreme-based Approach. Proceeding, Ninth Chicago Board of Trade Conference on Futures and Options.

[104] Longin, F. M., 1999. Optimal Margin Level in Futures Markets: Extreme Price Movements. The Journal of Futures Markets 19, 127 – 154.

[105] Loretan, M., Phillips, P., 1994. Testing the Covariance Stationarity of Heavy-tailed Time Series. Journal of Empirical Finance 1, 211 – 248.

[106] Luce, R., 1980. Several Possible Measures of Risk. Theory and Decision 12, 217 - 228.

[107] Luce, R., 1981. Correction to: Several Possible Measures of Risk. Theory and Decision 13, 381.

[108] Lynn Wirch, J., Hardy, M. R., 1999. A synthesis of risk measures for capital adequacy. Insurance: Mathematics and Economics 25, 337 - 347.

[109] Maheu, J. M., McCurdy, T. H., 2004. News arrival, jump dynamics, and volatility components for individual stock returns. Journal of Finance 59, 755 - 793.

[110] Markowitz, H., 1952. Portfolio Selection. Journal of Finance 7, 77 - 91.

[111] Markowitz, H., 1959. Portfolio Selection: Efficient Diversification of Investment. Yale University Press, New Haven.

[112] McNeil, A.J., Saladin, T., 1997. The peaks over thresholds method for estimating high quantiles of loss distributions. In: Proceedings of 28th International ASTIN Colloquium.

[113] Merton, R., 1976. Option pricing when the underlying stock returns are discontinuous. Journal of Financial Economics 3, 125 - 144.

[114] Merton, R. C., 1971. Optimum consumption and portfolio rules in a continuous-time model. Journal of Economic Theory 3, 373 - 413.

[115] Miao, H., Ramchander, S., Zumwalt, J.K., 2014. S&P 500 Index-Futures Price Jumps and Macroeconomic News. Journal of Futures Markets 34, 980 - 1001.

[116] Møller, T., 2001. On transformations of actuarial valuation principles. Insurance: Mathematics and Economics 28, 281 -

303 .

[117] Moreira，A.，Muir，T.，2017. Volatility-Managed Portfolios. Journal of Finance 72，1611 – 1644.

[118] Musiela，M.，Zariphopoulou，T.，2002. Indifference prices and related measures. working paper.

[119] Nolte，I.，Xu，Q.，2015. The economic value of volatility timing with realized jumps. Journal of Empirical Finance 34，45 – 59.

[120] Öztekin，T.，2005. Comparison of Parameter Estimation Methods for the Three-Parameter Generalized Pareto Distribution. Turkish Journal of Agriculture and Forestry 29，419 – 428 .

[121] Pan，J.，2002. The jump-risk premia implicit in options: evidence from an integrated time-series study. Journal of Financial Economics 63，3 – 50.

[122] Patie，P.，2000. Estimation of Value at Risk Using Extreme Value Theory. Working Paper.

[123] Pedersen，C.S.，Satchell，S.E.，1998. An extended family of financial-risk measures. GENEVA Papers on Risk and Insurance Theory 23，89 – 117.

[124] Pollatsek，A.，Tversky，A.，1970. A Theory of Risk. Journal of Mathematical Psychology 7，540 – 553.

[125] Promislow，S. D.，Young，V. R.，2002. Measurement of relative inequity and Yaari's dual theory of risk. Insurance: Mathematics and Economics 30，95 – 109.

[126] Promislow，S.D.，Young，V.R.，2005. Unifying framework for optimal insurance. Insurance: Mathematics and Economics 36，347 – 364.

[127] Quiggin，J.，1982. A Theory of Anticipated Utility. Journal of

Economic Behavior and Organisation 3, 323 - 434.

[128] Quiggin, J., 1993. Generalized Expected Utility Theory, The Rank Dependent Model. Kluwer Academic Publishers, Boston.

[129] Quirk, J. P., Sapasnik, R., 1962. Admissibility and Measurable Utility Functions. The Review of Economic Studies 29, 140 - 146.

[130] Ramezani, C.A., Zeng, Y., 2007. Maximum likelihood estimation of the double exponential jump-diffusion process. Annals of Finance 3, 487 - 507.

[131] Reiss, R.-D., Thomas, M., 2001. Statistical Analysis of Extreme Values: with Applications to Insurance, Finance, Hydrology and Other Fields. Birkhauser Verlag, Basel.

[132] Rockafellar, R. T., Uryasev, S., 2000. Optimization of conditional value-at-risk. Journal of Risk 2, 21 - 41.

[133] Rockafellar, R. T., Uryasev, S., 2002. Conditional value-at-risk for general loss distributions. Journal of Banking and Finance 26, 1443 - 1471.

[134] Rockafellar, R. T., Uryasev, S., Zabarankin, M., 2006. Generalized deviations in risk analysis. Finance and Stochastics 10, 51 - 74.

[135] Rosenblatt, M., 1952. Remarks on a Multivariate Transformation. Annals of Mathematical Statistics 23, 470 - 472.

[136] Rothschild, M., Stiglitz, J. E., 1970. Increasing risk. I. a definition. Journal of Economic Theory 2, 225 - 243.

[137] Satin, R., 1987. Some Extensions of Luce's Measures of Risk. Theory and Decision 22, 125 - 141.

[138] Schweizer, M., 2001. From actuarial to financial valuation principles. Insurance: Mathematics and Economics 28, 31 - 47.

[139] Shanker, L., Balakrishnan, N., 2005. Optimal clearing margin, capital and price limits for futures clearinghouses. Journal of Banking and Finance 29, 1611 - 1630.

[140] Smith, R.L., 1989. Extreme value analysis of environmental time series: An application to trend detection in ground-level ozone (with discussion). . Statistical Science 4, 367 - 393.

[141] Smith, R.L., 1999. Measuring risk with extreme value theory. Working Paper.

[142] Stone, B.K., 1973. A General Class of Three-Parameter Risk Measures. Journal of Finance 28, 675 - 685.

[143] Szego, G., 2005. Measures of risk. European Journal of Operational Research 163, 5 - 19.

[144] Tasche, D., 2002. Expected shortfall and beyond. Journal of Banking and Finance 26, 1519 - 1533.

[145] Telser, L.G., 1981. Margins and futures contracts. The Journal of Futures Markets 1, 225 - 253.

[146] Testuri, C., Uryasev, S., 2000. On Relation Between Expected Regret and Conditional Value at Risk Working Paper.

[147] Tobin, J., 1958. Liquidity Preference as a Behavior Toward Risk. Review of Economic Studies 25, 65 - 86.

[148] Tsay, R.S., 2002. Analysis of Financial Time Series.

[149] Von Neumann, J., Morgenstern, O., 1944. Theory of Games and Economic Behavior. . Princeton University Press, Princeton..

[150] Wang, S., 1996. Premium calculation by transforming the layer premium density. ASTIN Bulletin 26, 71 - 92.

[151] Wang, S.S., Young, V.R., Panjer, H.H., 1997. Axiomatic characterization of insurance prices. Insurance: Mathematics and Economics 21, 173 - 183.

[152] Wirch, J.L., Hardy, M.R., 2000. Distortion risk measures: Coherence and stochastic dominance. Working Paper.

[153] Yaari, M., 1987. The dual theory of choice under risk. Econometrica 55, 95 – 115.

[154] Yamai, Y., Yoshiba, T., 2002a. Comparative Analyses of Expected Shortfall and Value at Risk (2): Expected Utility Maximization and Tail Risk. Monetary and Economic Studies April, 87 – 122.

[155] Yamai, Y., Yoshiba, T., 2002b. Comparative Analyses of Expected Shortfall and Value at Risk: Their Estimation Error, Decomposition, and Optimization. Monetary and Economic Studies January, 95 – 116.

[156] Yamai, Y., Yoshiba, T., 2005. Value-at-risk versus expected shortfall: A practical perspective. Journal of Banking and Finance 29, 997 – 1015.

[157] Yan, S., 2011. Jump risk, stock returns, and slope of implied volatility smile Journal of Financial Economics 99, 216 – 233.

[158] Young, V.R., 1999. Optimal insurance under Wang's premium principle. Insurance: Mathematics and Economics 25, 109 – 122.

[159] Young, V.R., 2003. Equity-indexed life insurance: pricing and reserving using the principle of equivalent utility. North American Actuarial Journal 7, 68 – 86.

[160] Zhou, C., Wu, C., Wang, Y., 2019. Dynamic portfolio allocation with time-varying jump risk. Journal of Empirical Finance 50, 113 – 124.

[161] Zhou, C., Wu, C., 2008. Optimal insurance under the insurer's risk constraint. Insurance: Mathematics and Economics 42,

992 - 999.

[162] Zhou, C., Wu, C., 2009. Optimal insurance under the insurer's VaR constraint. GENEVA Risk and Insurance Review 34, 140 -154.

[163] Zhou, C., Wu, C., Liu, H., Liu, F., 2007. Margin setting with pot model. Review of Futures Markets 15, 407 - 420.

[164] Zhou, C., Wu, C., Xu, W., 2020. Incorporating time-varying jump intensities in the mean-variance portfolio decisions. Journal of Futures Markets 40, 460 - 478.

[165] Zhou, C., Wu, W., Wu, C., 2010. Optimal insurance in the presence of insurer's loss limit. Insurance：Mathematics and Economics 46, 300 - 307.

[166] 鲍建平, 2004. 国内外期货市场保证金制度比较研究及其启示. 世界经济 12, 65 - 69.

[167] 菲利普.乔瑞, 2005. 风险价值 VaR. 中信出版社, 北京.

[168] 姜青舫, 陈方正, 2000. 风险度量原理. 同济大学出版社, 上海.

[169] 李强, 2001. 应用极值理论的 VaR 方法及其实证分析. 中国科学院科技政策与管理科学研究所.

[170] 刘明康, 2009. 健全金融监管 防范金融风险. 中国发展观察 4, 23 - 24.

[171] 唐爱国, 2003. 广义随机占优理论———一种群体决策理论. 经济评论 5, 65 - 69.

[172] 唐爱国, 秦宛顺, 2003. 广义随机占优单调一致风险测度和 ES (n)———一种新的风险测度概念和指标. 金融研究 4, 84 - 93.

[173] 王春峰, 2001. VaR：金融市场风险管理. 天津大学出版社, 天津.

[174] 朱国庆, 张维, 程博, 2001. 关于上海股市收益厚尾性的实证研究. 系统工程理论与实践 4, 70 - 75.

索 引